DIREITO DOS DESASTRES

Conselho Editorial
André Luís Callegari
Carlos Alberto Alvaro de Oliveira
Carlos Alberto Molinaro
Daniel Francisco Mitidiero
Darci Guimarães Ribeiro
Draiton Gonzaga de Souza
Elaine Harzheim Macedo
Eugênio Facchini Neto
Giovani Agostini Saavedra
Ingo Wolfgang Sarlet
Jose Luis Bolzan de Morais
José Maria Rosa Tesheiner
Leandro Paulsen
Lenio Luiz Streck
Paulo Antônio Caliendo Velloso da Silveira

C331d   Carvalho, Délton Winter de.
         Direito dos desastres / Délton Winter de Carvalho, Fernanda Dalla Libera Damacena. – Porto Alegre: Livraria do Advogado Editora, 2013.
         152 p.; 23 cm.
         Inclui bibliografia.
         ISBN 978-85-7348-870-8

         1. Direito - Desastres. 2. Defesa civil - Brasil. 3. Responsabilidade do estado. 4 . Direito ambiental.   I. Damacena, Fernanda Dalla Libera.   II. Título.

CDU 34:351.862
CDD 344.0534

Índice para catálogo sistemático:
1. Direito: Defesa civil   34:351.862

(Bibliotecária responsável: Sabrina Leal Araujo – CRB 10/1507)

Délton Winter de Carvalho
Fernanda Dalla Libera Damacena

DIREITO DOS DESASTRES

Porto Alegre, 2013

©
Délton Winter de Carvalho
Fernanda Dalla Libera Damacena
2013

Projeto gráfico e diagramação
Livraria do Advogado Editora

Revisão
Rosane Marques Borba

Foto da capa
Furacão Katrina durante seu pico de intensidade
em 28 de Agosto de 2005
Wikimedia Commons

Direitos desta edição reservados por
Livraria do Advogado Editora Ltda.
Rua Riachuelo, 1300
90010-273 Porto Alegre RS
Fone/fax: 0800-51-7522
editora@livrariadoadvogado.com.br
www.doadvogado.com.br

Impresso no Brasil / Printed in Brazil

A Aline, Marina e Rafaela, por aceitarem os desafios que este projeto nos apresentou, numa demonstração de companheirismo e amor incondicional.

Délton Winter de Carvalho

Ao Cláudio, minha inspiração, pelo incentivo, parceria e cuidado em todos os momentos.
Aos meus pais, com carinho, respeito e admiração.

Fernanda Dalla Libera Damacena

À UNISINOS – Universidade do Vale do Rio dos Sinos, aqui referida em sua Unidade de Pós-Graduação e seu Programa de Pós-Graduação em Direito, pelo apoio à presente pesquisa;

À CAPES – Coordenação de Aperfeiçoamento de Pessoal de Nível Superior pelo fomento à presente pesquisa científica, em especial pela concessão de bolsa para estágio pós-doutoral (processo 9197-12-5);

À University of California at Berkeley, em particular ao Prof. Daniel Farber, por todo auxílio, atenção e aconselhamento;

Ao Center dor Catrastophic Risk Management – CCRM at the University of California at Berkeley, mencionando especial agradecimento aos caros colegas Anthony Hare, Karlene Roberts, Emery Roe e John Radke pela carinhosa recepção, debates e contribuições feitas.

Délton Winter de Carvalho

O livro *Direito dos Desastres* é o resultado de uma pesquisa iniciada no programa de Pós-Graduação da UNISINOS, no ano de 2010. Foram três anos de estudos e aprofundamento. Ao longo dessa trajetória, meus agradecimentos são dirigidos às pessoas e instituições que, de forma muitos especial, contribuíram para a realização deste projeto;

Ao meu marido, Cláudio, meus pais, Aquelino e Ana Maria, e irmãos, Affonso e Guilherme, pela torcida verdadeira e desinteressada, que só o amor pode explicar.

Ao Prof. Paulo Affonso Leme Machado, pela oportunidade contato fraterno, debate científico e valiosas contribuições à minha dissertação de mestrado, origem de ideia e base deste livro;

Ao Programa de Pós-Graduação da UNISINOS, pela excelência do ensino, em particular, ao Prof. Délton Winter de Carvalho, mentor de minha formação acadêmica e científica;

Ao Governo Brasileiro que, por meio da Coordenação de Aperfeiçoamento de Pessoal de Nível Superior (CAPES), concedeu-me bolsa de estudos de mestrado, cursado ao longo da presente pesquisa.

Fernanda Dalla Libera Damacena

Prefácio

É uma imensa satisfação prefaciar o livro *Direito dos Desastres*, de autoria dos Professores Délton Winter de Carvalho e Fernanda Dalla Libera Damacena. Fica uma tarefa fácil dar as boas-vindas a uma publicação de grande densidade jurídica e de alto interesse social.

Os desastres não têm sido objeto de muitos estudos jurídicos. E, no entanto, há muita matéria para ser abordada, como os autores fizeram neste apreciado livro. Délton Winter de Carvalho, Doutor em Direito e, atualmente, fazendo o pós-doutoramento na Universidade de Berkeley (Estados Unidos), e Fernanda Dalla Libera Damacena, Especialista e Mestra em Direito, são pessoas respeitadas no ensino superior, exercendo, com entusiasmo e eficiência, o magistério na prestigiada Universidade do Vale do Rio dos Sinos – UNISINOS.

O livro é dividido em quatro partes: teoria geral dos desastres; objetos dos direitos dos desastres; direitos dos desastres no contexto internacional e direito dos desastres e a responsabilidade civil.

Interessante ver a temática prevista neste livro, olhando, também, para a vasta dimensão de alguns dos objetivos da Política Nacional de Proteção e Defesa Civil, constantes da Lei 12.608/2012, a saber: reduzir os riscos de desastres; prestar socorro e assistência às populações atingidas por desastres; recuperar as áreas afetadas por desastres; promover a identificação e avaliação das ameaças, suscetibilidades e vulnerabilidades a desastres, de modo a evitar ou reduzir sua ocorrência; monitorar os eventos meteorológicos, hidrológicos, geológicos, biológicos, nucleares, químicos e outros potencialmente causadores de desastres; produzir alertas antecipados sobre a possibilidade de ocorrência de desastres naturais; combater a ocupação de áreas ambientalmente vulneráveis e de risco e promover a realocação da população residente nessas áreas; e integrar informações em sistema capaz de subsidiar os órgãos do Sistema Nacional de Proteção e Defesa Civil – SINPDEC –, na previsão e no controle dos efeitos negativos de eventos adversos sobre a população, os bens e serviços e o meio ambiente.

A definição dos objetivos da Política Nacional de Proteção e Defesa Civil foi extremamente importante do ponto de vista da constatação dos deveres dos poderes públicos. São tarefas de grande magnitude que, nem por isso, devem ser postas de lado: prever os desastres, provendo a identificação das ameaças e monitorando os eventos potencialmente causadores de desastres; produzir alertas antecipados; prestar socorro às pessoas em situação de risco ou efetivamente atingidas; recuperar os bens danificados.

A atuação dos Poderes Públicos frente aos desastres potenciais ou ocorridos começa a ser definida, com clareza, de modo a evitar a improvisação e sua dependência da maior ou menor sensibilidade dos eventuais ocupantes das chefias dos poderes executivos federal, estaduais e municipais. As tarefas vão sendo delineadas, procurando-se articular as intervenções dos entes federados do País na prevenção e na reparação dos desastres. O tema é complexo e, por isso, faz-se necessária a edição de livros como este, que vem a lume em um momento muito oportuno, em que desastres se repetem, como os deslizamentos de terra e enchentes na região serrana do Estado do Rio de Janeiro, ou surgem, inopinadamente, em Goiânia, em um depósito de ferro-velho, ou em uma casa noturna, como em Santa Maria.

Os autores afirmam, adequadamente, que os desastres ambientais podem estar ligados a déficits de proteção ambiental (acidentes industriais, vazamento de petróleo, contaminações químicas, desastres naturais ou mistos), à segurança pública (atentados terroristas) ou ao atendimento de defesa civil (desastres naturais, humanos ou mistos). Acrescentam que a atuação do Estado Democrático de Direito Ambiental, em relação aos desastres, possui três facetas: preventiva, assistencial e recuperativa.

A prestação jurisdicional com relação aos desastres foi minuciosamente esquadrinhada pelos autores, mostrando-nos o quanto precisamos avançar nessa área.

A leitura de um livro jurídico, como o *Direito dos Desastres,* não só é necessária, como é atraente, dando chance ao leitor de colocar-se como ator num possível, ainda que não desejável, quadro de eventos como enchentes, deslizamentos, terremotos, incêndios e explosões. O que fazer e o que exigir dos poderes públicos e dos geradores de riscos é uma questão que perpassa todo este livro, que me apraz prefaciar.

Piracicaba, abril de 2013.

Paulo Affonso Leme Machado

Professor na Faculdade de Direito da Universidade Metodista de Piracicaba - UNIMEP. Mestre em Direito Ambiental pela Universidade de Strasbourg (França). Doutor *Honoris Causa* – UNESP e Doutor em Direito – PUC-SP. Prêmio Internacional de Direito Ambiental "Elizabeth Haub" (1985). Professor na Universidade Estadual Paulista (UNESP) – IB – Rio Claro – SP (aposentado). Professor Convidado na Universidade de Limoges/França (1986-2003). Promotor de Justiça (aposentado).
Chevalier de La Légion d'Honneur

Sumário

Introdução..13
1. Teoria geral dos desastres 19
    1.1. Noção histórica..19
    1.2. Contexto social dos desastres...22
    1.3. A formação de um sentido jurídico para os desastres 24
    1.4. Características do direito dos desastres...32
    1.5. Principiologia para o gerenciamento (administrativo e jurisdicional) dos riscos pelo direito dos desastres..34
    1.6. Fatores de ampliação dos riscos e dos custos dos desastres na sociedade contemporânea...47
        1.6.1. Condições econômicas modernas...48
        1.6.2. O crescimento populacional, a tendência demográfica e as decisões acerca da ocupação do solo...48
        1.6.3. Infraestrutura verde e construída..50
        1.6.4. Mudanças climáticas...51
    1.7. Fatores transversais intrínsecos aos desastres....................................55
        1.7.1. Vulnerabilidade 56
        1.7.2. Resiliência...59
    1.8. Tratamento da incerteza e da informação ambiental frente aos riscos de desastres...63
2. Objetos do direito dos desastres 67
    2.1. Plano nacional de defesa civil e suas diretrizes de atuação...............69
        2.1.1. Prevenção e mitigação...70
        2.1.2. Respostas de emergência..73
        2.1.3. Compensação...74
        2.1.4. Reconstrução..78
    2.2. A governança dos desastres no Brasil..79
        2.2.1. A estruturação normativa dos desastres no Brasil....................82
        2.2.2. Requisitos para o reconhecimento da situação de desastre e liberação de recursos..83
        2.2.3. O cadastro nacional de informações e o papel dos municípios.............86
        2.2.4. Fundo Especial para Calamidades Públicas – FUNCAP.........88

    2.2.5. Lei 12.608/2012 e a Política Nacional de Proteção e Defesa Civil do Brasil...88
    2.2.6. Questões urbanísticas 92
2.3. Organizações e desastres: o papel do estado de direito ambiental..................96
3. O direito dos desastres no contexto internacional 103
    3.1. Âmbito norte-americano...103
        3.1.1. A legislação norte-americana e os desastres 104
    3.2. Os desastres e o sistema europeu: gestão e prevenção dos riscos 111
        3.2.1. As diretivas de prevenção aos acidentes industriais...........................114
4. Direito dos desastres e responsabilidade civil do Estado...............................119
    4.1. Responsabilidade do Estado, exclusão do nexo de causalidade e a ecocomplexidade dos desastres 124
    4.2. Responsabilidade civil do Estado e desastre: aportes da recente jurisprudência brasileira 131
Conclusão..141
Referências...145

Introdução

Sempre houve catástrofes na história humana. Contudo, tais eventos vão adquirindo, na evolução social, sentidos diversos ao longo do processo histórico. No medievo, os desastres eram atribuídos, assim como os riscos, a razões divinas, estando ligados diretamente a uma ideia de *destino*.

Num segundo momento histórico, há o deslocamento desta semântica em direção à ideia de *progresso*. A partir do iluminismo e da modernidade, os desastres passaram a consistir em eventos que servem de importante ponto de partida evolutivo, exigindo reflexões, tomadas de decisão e, acima de tudo, antecipação pelos governantes, gestores privados e população em geral. Um marco histórico neste sentido consiste no terremoto que atingiu a cidade de Lisboa em 1755 que, seguido de múltiplos focos de incêndio e um *tsunami*, destruiu a cidade lusitana inteira. Este consiste no *primeiro desastre moderno*, pois foi a partir de sua ocorrência que, apesar de católicos e protestantes verem no destino e na mão de Deus a resposta para o evento catastrófico, durante as fases de resposta e de recuperação, os cidadãos passaram a demandar mais do governo e começaram a se ver como agentes de transformação do meio ambiente.

Um terceiro momento efetua a convergência destas racionalidades históricas para lidar com o risco e os desastres, tendo esses não apenas como fomento do medo, resultado inexorável do progresso, mas, principalmente, como fonte de ponderação para processos de tomada de decisão em contextos de racionalidade limitada (*bounded racionality*).

Assim, há, nitidamente, na história, uma passagem de um momento em que os desastres eram compreendidos apenas como eventos divinos, incontroláveis e exteriores, para um momento em que estes servem como parâmetro que, justificativa à *antecipação racional*, seja a partir das informações científicas disponíveis ou mesmo dos aprendizados obtidos com o passado. Este processo é acompanhado pela superação de um *paradigma da decisão pelo medo*, aprisionado em observações místicas e religiosas, em direção a processos orientados a uma *racionali-*

zação das incertezas inerentes aos riscos e perigos catastróficos, inserido esse último em uma *matriz construtivista* (pró-ativa).

Em face da carência de uma sistematização de um direito regulatório ao tratamento dos desastres ambientais na tradição pátria, a presente abordagem se faz a partir de pesquisas bibliográfica e documental com a utilização de direito comparado de tradições mais afeitas ao tema, com destaque ao cenário jurídico norte americano. Ainda, a fim de analisar a capacidade estruturante do Direito dos Desastres Ambientais em nossa tradição, a obra também se debruça, metodologicamente, sobre instrumentos normativos, jurisprudenciais e doutrinários pátrios.

Dividido em quatro capítulos o Direito dos Desastres parte do que se denominou de uma *teoria geral*. Nessa oportunidade, enfrenta-se a temática do contexto social contemporâneo e a intensificação dos desastres na atualidade, demonstrando a relevância de um sistema legal complexo, mas ágil para o tratamento das incertezas, indeterminações e gravidade dos fenômenos dos desastres. Como temas estruturantes dessa etapa, destacam-se também: a formação de um sentido jurídico para os desastres, as características do Direito dos Desastres, a principiologia basilar para o enfrentamento dos riscos inerentes aos processos de desastres, os fatores de amplificação dos riscos e dos custos dessa espécie de evento na sociedade contemporânea, os fatores transversais intrínsecos aos desastres (vulnerabilidade e resiliência) e o tratamento da incerteza e informação ambiental frente aos riscos de desastres.

No capítulo seguinte, a fim de iniciar a descrição da capacidade sistêmica de um direito regulatório dos desastres ambientais, desenvolve-se uma atenta descrição dos objetos funcionais deste ramo, convergindo estes em um *círculo de gestão do risco* ao longo das fases de prevenção e mitigação, de atendimento emergencial, de compensação das vítimas e de recuperação. Sob o aspecto institucional, esse círculo de gestão do risco apresenta relação direta com as organizações. Nesse particular, a governança dos desastres no Brasil, a estruturação normativa relativa aos desastres no Brasil e o papel do Estado de Direito Ambiental são temas de abordagem pormenorizada.

O capítulo terceiro aborda o *Direito dos Desastres no Contexto Internacional* com especial destaque para os aspectos administrativos e legais do tratamento dos desastres nos Estados Unidos e na Europa. A observação atenta do direito comparado permite ao Brasil, país "jovem" no enfrentamento dos desastres, lições de valiosa relevância.

Finalmente, o capítulo quarto explora o caráter multidisciplinar do Direito dos Desastres. Nesse contexto, abordam-se as ressonâncias e influências do Direito dos Desastres nos clássicos paradigmas de outros ramos jurídicos, com ênfase para o Direito Ambiental e para a Responsabilidade Civil Extracontratual do Estado frente aos danos causados a terceiros num contexto de desastre. O enfrentamento multidisciplinar das questões envolvendo os desastres é capaz de trazer ao Direito Ambiental diversas aquisições interpretativas, estimulando a formação de avanços na teoria do Direito Ambiental Contemporâneo.

Consoante já mencionado, os Desastres ambientais fazem parte de uma problemática que emerge como uma crise cultural da civilização, da racionalidade da modernidade, da economia do mundo globalizado, da crise do efeito do conhecimento e seus impactos sobre o mundo e o ambiente. Nessa linha, a racionalidade humana tem desconsiderado que alguns locais são naturalmente desenhados ("dados"), possuindo uma função estrutural, vital, sistemicamente falando, sendo que sua transformação altera o fluxo natural da vida.

Importante salientar que tanto a crise civilizatória, quanto os desastres estão inseridos em um contexto maior de uma sociedade contemporânea, que tem como traço fundamental a autoprodução dos riscos e a confrontação dos efeitos colaterais oriundos da transposição dos paradigmas industrial para o pós-industrial. Nesse último, os riscos ganham novas feições, são menos acessíveis aos sentidos humanos, nem sempre previsíveis pela ciência, podendo ser transfronteiriços, protraídos no tempo e, inclusive, catastróficos.

Pertencente ao segundo paradigma, os desastres ou catástrofes ambientais, que neste livro serão tratados como termos sinônimos, inserem a sociedade e os sistemas sociais num contexto de maior complexidade, incerteza, abstração, transdisciplinariedade e questionamento acerca dos parâmetros tradicionais da racionalidade.

Um dos mais sérios problemas ambientais de segunda geração, os desastres ambientais não passaram a existir nas últimas décadas. Sempre existiram e, muito provavelmente, continuarão a acontecer. O que mudou em relação a eles, neste momento histórico, foi a observação devido à espécie de risco da qual são representantes. Tais riscos, que podem ser denominados catastróficos, estão presentes em muitas das causas desencadeadoras dos desastres e possuem uma demonstração causal altamente complexa devido às seguintes características: não são monocausais, não têm um nexo de causalidade linear, sua compreensão, assimilação e gestão requerem um conhecimento transdisciplinar, têm como traço marcante a incerteza de sua probabilidade, são sistêmicos, tanto em motivos (econômicos, sociais, políticos) quanto em consequências (costumam afetar pontos não localizados) e, de forma bastante comum, conduzem a irreversibilidades.

Tais características, apenas algumas das que compõem as modalidades dos desastres, desvelam quão difícil pode ser o estudo desse novo ramo do Direito, e a relevância do seu conhecimento científico e aprofundado para o estudioso do Direito Ambiental contemporâneo (preocupado com a solidariedade intergeracional, sensitividade ecológica e com a responsabilidade de longa duração), assim como para outras áreas jurídicas.

Durante décadas acreditou-se que o Brasil fosse um país imune aos desastres e, em consequência, que o seu estudo fosse desnecessário para muitas áreas do conhecimento. Pois os últimos acontecimentos têm revertido esse entendimento. Como consequência, compreender, prever e mitigar os desastres e suas causas se tornou uma necessidade, inclusive, para o ramo do Direito. Entre os anos de 1980-2010 o Brasil contabilizou os seguintes números: 146 desastres, com 4.948 pessoas mortas (estimativa de 160 mortes por ano), 47.984.677 pessoas afetadas (média de afetados/ano – 1.547.893) e um prejuízo econômico de 9.226.170 dólares. Esses dados classificam o país em um *ranking* internacional negativo em termos de exposição humana e ecossistêmica a riscos, posicionando-o em: 8° lugar (entre 184 países) no que tange à exposição a secas; em 13° (entre 162 países) quando o risco é inundação; 14° (de 162 países) quando a causa é deslizamento de terras e 36° (de 89) quando o risco envolve ciclone.[1]

É diante desse cenário, de necessária e urgente reação a uma quantidade enorme de consequências indesejadas, que a sociedade e os sistemas sociais se deparam e enfrentam as ressonâncias oriundas dos desastres. Cada vez mais comuns e com graus de magnitude preocupante, os desastres ambientais (naturais, industriais ou híbridos) surgem como estímulos que causam um processo de autoirritabilidade no Direito, na Política, na Economia e em outros sistemas sociais. Diante dessa realidade, um dos maiores desafios dos sistemas é racionalizá-los, a partir de uma organização e estrutura própria. O Direito tem suas estruturas associadas ao processo evolutivo da sociedade, e os desastres ambientais são um bom campo de observação dessa realidade e necessária adaptação.

Na atualidade, praticamente nada na Terra está imune aos desastres e suas consequências. Essa afirmação comunica a sistemas sociais

---

[1] Prevention Web – Serving the information needs of the disaster reduction community. *Brazil Disasters Statistics*. Disponível em: <http://www.preventionweb.net/english/countries/statistics/risk.php?cid=24>. Acesso em: out. 2011.

como o Direito e a Política a necessidade do desenvolvimento de suas estruturas no intuito de adaptar-se e decodificar tais fenômenos. Sob essa perspectiva, pode-se afirmar que o Direito dos Desastres é a resposta do sistema jurídico a essa espécie de complexidade social.

Entre as contingências inerentes aos desastres e, por consequência, ao Direito, estão: a complexidade dos fenômenos, a importância do planejamento, a incerteza, a gestão do risco em todas as suas fases, a atuação entre setores (governo e instituições e sociedade), a interdisciplinaridade e a responsabilidade (possibilidade de imputação).

Desastres retratam vulnerabilidades. Por essa razão, seu impacto e a magnitude não são determinados apenas pelo seu tipo de evento – climatológico, industrial ou híbrido, mas pela situação e grau de vulnerabilidade da localidade sobre a qual ele impacta. Essa vulnerabilidade é extremamente relevante, tenha ela contornos sociais ou ecológicos. O primeiro caso é profundamente complexo e aparece de forma transparente em países mais pobres, material e culturalmente, onde, em geral, as instituições políticas são deficientes e não funcionais. O segundo tipo de vulnerabilidade (ecológica) está ligado à exposição das cidades, estados ou países a riscos desnecessários, por desconsideração ou despreocupação com a preservação das infraestruturas naturais, gratuitamente dadas e com função específica de proteção (corais, dunas, matas ciliares, mangues, áreas de preservação permanente, topos de morro).

Nessa linha, o impacto de um acontecimento climatológico extremo ou industrial (para citar apenas os mais comuns) em áreas vulneráveis redunda em irreversibilidades de vidas e ecossistemas e representa, dependendo de sua gravidade, a impossibilidade para as futuras gerações de fruição de um bem (ambiental) que é de uso comum. Daí a crucial relevância da prevenção e da precaução, como programas de decisão a serem postos em prática pelo Direito e pela Política. Somente a noção de antecipação tem a capacidade de interceptar um dano que pode causar irreversibilidades. Essa conclusão pode parecer singela, mas colocá-la em prática é uma tarefa extremamente árdua, pois requer escolhas complexas dos sistemas envolvidos.

Os desastres devem ser vistos como uma oportunidade política, social e jurídica de suplantação dos desrespeitos aos limites da natureza e de início da construção de uma racionalidade ambiental[2] alternativa. Essa nova racionalidade articula diversas esferas do saber e do poder e está arraigada em práticas sociais e em novos atores políticos, que têm na construção da sustentabilidade o desenho de novos mun-

---

[2] A expressão "racionalidade ambiental" é de Henrique Leff (*Racionalidade ambiental*: a reapropriação social da natureza. Rio de Janeiro: Civilização Brasileira, 2006).

dos de vida. A racionalidade ambiental influencia na ressignificação da natureza pela cultura. Afinal, tradicionalmente neste País e também no mundo, desconsidera-se os processos ecossistêmicos por vantagem econômica ou pela ignorância. Daí a relevância da formulação de novos raciocínios, informações e obrigações que alimentem sentimentos capazes de mobilizar ações solidárias voltadas muito mais à prevenção do que à resposta a desastres.

Programas e políticas públicas educativas são bons exemplos da concretização desse ideal. A lógica da proteção ambiental deve ser invertida. Os desastres são uma boa lente de observação dos efeitos cumulativos da falta de cumprimento da legislação ambiental, aliada a fatores de amplificação dos efeitos negativos da degradação.

Trata-se de tarefa árdua, que não se constrói em um mês, um ano ou com a edição de mais uma lei. Para tanto, faz-se necessária a estruturação de pilares na Política e no Direito capazes de permitir, através de instrumentos de gestão do risco e redução das vulnerabilidades, a geração de uma cultura e uma racionalidade política e jurídica eficaz e preventiva.

1. Teoria geral dos desastres

1.1. Noção histórica

A ocorrência de eventos popularmente denominados "desastres naturais" intriga populações há séculos. Apesar disso, também é histórico o fato de que providências costumam ser tomadas somente após a concretização do desastre e a contabilização dos danos. Os exemplos são muitos e pelo mundo todo. Apesar de variarem de acordo com elementos como a vulnerabilidade, resiliência, cultura e percepção dos riscos, todos têm em comum a destruição, a perda e, muitas vezes, a irreversibilidade.

Há desastres passados e presentes, dentro e fora do âmbito ambiental, de origem natural, tecnológica ou híbrida. Note-se, contudo, que em cada um deles o equilíbrio do meio ambiente e da vida é seriamente atingido. Alguns, apesar de antigos, têm consequências sendo geridas ainda hoje. São exemplos dessa situação: Bophal,[3] em 1984; a contaminação radioativa de Chernobyl,[4] em 1986; o Césio, em

---

[3] Durante a madrugada de 03 de dezembro de 1984, o vazamento de Metil Isocianato (MIC) de empresa da *Union Carbide Corporation* (UCC), fábrica de pesticidas americana instalada na Índia, matou mais de 2000 pessoas e feriu ou incapacitou até 200.000 outros. Mesmo um ano depois do acidente, pessoas expostas ao gás morriam a cada mês em Bhopal. Em 2010, sete pessoas foram condenadas a dois anos de prisão, por terem agido negligentemente. Houve recurso requerendo a condenação por homicídio culposo, uma vez que a pena para este tipo de crime pode chegar a 10 anos de prisão. Entretanto, em 2011, o Supremo Tribunal da Índia rejeitou o pedido, alegando que o mesmo se baseava em "argumento falso e errôneo". Segundo os juízes, não foi apresentada "nenhuma explicação satisfatória" que justificasse tal pedido depois de tantos anos. ÍNDIA condena 8 pessoas por acidente em Bhopal. *Estadão*, 07 jun. 2010. Disponível em: <http://www.estadao.com.br/noticias/internacional,india-condena-8-pessoas-por-acidente-em-bhopal,562638,0.htm>. Acesso em: 11 ago. 2011.

[4] Oriunda da explosão do reator nº 4 da central nuclear de Chernobyl, na Ucrânia, no dia 26 de abril de 1986. O maior impacto foi sentido pelas três antigas repúblicas soviéticas vizinhas – hoje países independentes da Ucrânia, Bielo-Rússia e Rússia, mas os efeitos se expandiram de forma muito ampla. O Césio-137 emitido como resultado da explosão foi carregado, pela atmosfera, a outros países europeus. Pelo menos 14 outros países na Europa (Áustria, Suécia, Finlândia, Noruega, Eslovênia, Polônia, Romênia, Hungria, Suíça, República Tcheca, Itália, Bulgária, República da Moldova e Grécia) foram contaminados por níveis de radiação acima de 1 Ci/m2

Goiânia,[5] no Brasil, em 1987; o furacão Katrina,[6] nos EUA, em 2005.

(or 37 kBq/m2) – limite usado para definir áreas como "contaminadas". Em níveis inferiores, mas não em quantidades radioativas substanciais desprezíveis – ligadas ao acidente de Chernobyl – foram detectadas contaminações em todo o continente europeu, da Escandinávia ao Mediterrâneo, e na Ásia. TYMOSHENKO, Yuliya. O significado de Chernobyl. *Jornal da Ciência*, 25 Abril, 2011. Disponível em: <http://www.jornaldaciencia.org.br/Detalhe.jsp?id=77258>. Acesso em: 12 abr. 2011.

[5] O desastre fez centenas de vítimas, todas contaminadas através de radiações emitidas por uma única cápsula que continha Césio-137. O acidente com Césio-137 foi o maior acidente radioativo do Brasil e o maior do mundo ocorrido fora das usinas nucleares. O instinto curioso de dois catadores de lixo e a falta de informação foram fatores que deram espaço ao ocorrido. Ao vasculharem as antigas instalações do Instituto Goiano de Radioterapia (também conhecido como Santa Casa de Misericórdia), no centro de Goiânia, tais homens se depararam com um aparelho de radioterapia abandonado. Então tiveram a infeliz ideia de remover a máquina com a ajuda de um carrinho de mão e levaram o equipamento até a casa de um deles. O maior interesse dos catadores era o lucro que seria obtido com a venda das partes de metal e chumbo do aparelho para ferros-velhos da cidade. Leigos no assunto, não tinham a menor noção do que era aquela máquina e o que continha realmente em seu interior. Após retirarem as peças de seus interesses, venderam o que restou ao proprietário de um ferro-velho, que, por sua vez, expôs ao ambiente 19,26 g de cloreto de césio-137 (CsCl), um pó branco parecido com o sal de cozinha que, no escuro, brilha com uma coloração azul. Encantado com o brilho azul emitido pela substância, o dono do ferro-velho resolveu exibir o achado a seus familiares, amigos e parte da vizinhança. Com a exibição do pó fluorescente por 4 dias, a área de risco aumentou, pois parte do equipamento de radioterapia também fora para outro ferro-velho, espalhando ainda mais o material radioativo. No ano de 1996, a Justiça julgou e condenou por homicídio culposo (quando não há intenção de matar) três sócios e funcionários do antigo Instituto Goiano de Radioterapia (Santa Casa de Misericórdia) a três anos e dois meses de prisão, pena que foi substituída por prestação de serviços. Atualmente, as vítimas reclamam da omissão do governo para a assistência da qual necessitam, tanto médica como de medicamentos. Fundaram a Associação de Vítimas contaminadas do Césio-137 e lutam contra o preconceito ainda existente. ALVES, Líria. Acidente com o Césio-137. *Equipe Brasil Escola*. Disponível em: <http://www.brasilescola.com/quimica/acidente-cesio137.htm>. Acesso em: out. 2011. Mais de 12 anos depois do acidente radioativo em Goiânia com Césio 137, que contaminou várias pessoas, causando mortes e doenças, foi proferida sentença em ação civil pública impetrada conjuntamente, em 1995, pelos Ministérios Públicos Federal e Estadual. A sentença condenou a CNEN (Comissão Nacional de Energia Nuclear) ao pagamento de indenização de R$ 1 milhão, bem como a assegurar amplo tratamento às vítimas e monitoramento contínuo das populações afetadas ou que possam vir a ser atingidas. Também foram condenados o Instituto de Previdência e Assistência Social do Estado de Goiás, bem como de dois responsáveis pelo hospital de onde foi retirada a máquina de raios-X, ao pagamento de multa individual de R$ 100 mil. O Estado de Goiás não foi condenado, por ter sido reconhecida a prescrição da ação a ele relativa. Bernardes, T. J. Sentença na Ação Civil Pública no caso do acidente radioativo com césio 137 em Goiânia. *Jus Navegandi – Revista de Jurisprudência*, Mar/2000. Disponível em: http://jus.com.br/revista/texto/16292/sentenca-na-acaoc.vil-publica-no-caso-do-acidente-radioativo-com-cesio-137-em-goiania/2. Acesso em out. 2011. Ementa do Recurso Especial n. 1180-888-GO referente ao caso: ADMINISTRATIVO. DIREITO NUCLEAR. RESPONSABILIDADE CIVIL OBJETIVA DO ESTADO. ACIDENTE RADIOATIVO EM GOIÂNIA. CÉSIO 137. ABANDONO DO APARELHO DE RADIOTERAPIA. DEVER DE FISCALIZAÇÃO E VIGILÂNCIA SANITÁRIO-AMBIENTAL DE ATIVIDADES COM APARELHOS RADIOATIVOS. RESPONSABILIDADE SOLIDÁRIA DA UNIÃO E DOS ESTADOS. LEGITIMIDADE PASSIVA. Disponível em: <http://www.stj.jus.br/SCON/jurisprudencia/toc.jsp?tipo_visualizacao=null&processo=1180888&b=ACO>. Acesso em: novembro de 2011.

[6] O furacão que chegou a ser classificado como de categoria 5 causou sérios danos ao Litoral Sul do EUA. A cidade mais atingida foi Nova Orleans, no Estado da Louisiana, mas o Mississippi e o Alabama também foram severamente afetados. O Katrina é considerado o pior furacão da história americana. Furacão Katrina castiga três Estados dos EUA. BBC Brasil, 29 de agosto de 2005. Disponível em: <http://www.bbc.co.uk/portuguese/reporterbbc/story/2005/08/050829_furacao3ms.shtml>. Acesso em novembro de 2010.

Mais recentemente, dentre os desastres graves e com efeitos protraídos no tempo, pode-se mencionar: o vazamento de petróleo no Golfo do México,[7] em 2010, Fukushima, no Japão, em março de 2011.[8] Além de serem responsáveis por grandes perdas humanas e biológicas, os exemplos também são sinônimos de grandes prejuízos econômicos, políticos e até de relações internacionais.

Percebe-se assim que sempre houve catástrofes na história humana. Contudo, tais eventos vão adquirindo, na evolução social, sentidos diversos ao longo do processo histórico. No medievo, os desastres eram atribuídos, assim como os riscos, a razões divinas, estando ligados diretamente a uma ideia de destino.[9]

Num segundo momento histórico, há o deslocamento desta semântica em direção à ideia de progresso. A partir do iluminismo e da modernidade, os desastres passaram a consistir em eventos que servem de importante ponto de partida evolutivo, exigindo reflexões, tomadas de decisão e, acima de tudo, antecipação pelos governantes, gestores privados e população em geral. Um marco histórico neste sentido consiste no terremoto que atingiu a cidade de Lisboa em 1755 que, seguido de múltiplos focos de incêndio e um tsunami, destruiu a cidade lusitana inteira. Este consiste no primeiro desastre moderno,[10] uma vez que foi a partir de sua ocorrência que, apesar de católicos e protestantes verem no destino e na mão de Deus a resposta para esta ocorrência catastrófica,[11] durante as fases de resposta e de recuperação, os cidadãos passaram a demandar mais do governo e começaram a se ver como agentes de transformação do meio ambiente.

---

[7] O vazamento no Golfo do México é considerado o pior na história dos Estados Unidos, pois superou o provocado pelo acidente do petroleiro Exxon Valdez, no Alasca, em 1989, que derramou mais de 40 milhões de litros de petróleo. Vazamento já supera o de 1989 na costa do Alasca, dizem EUA. *Agência EFE*. 27 mai, 2010. Disponível em: http://g1.globo.com/mundo/noticia/2010/05/vazamento-atual-ja-supera-o-de-1989-na-costa-do-alasca-dizem-eua.html. Acesso em: 10 abr, 2012.

[8] No dia 11.03.2011, de um ponto a 32 quilômetros de profundidade no oceano Pacífico, a 400 quilômetros de Tóquio, irrompeu um tremor de magnitude 8,9, na escala Richter. Ao inrromper o equilíbrio das águas, o deslocamento das placas tectônicas deu origem a ondas gigantes, de até 10 metros de altura, e velocidade de 800 quilômetros por hora. Foi o maior terremoto da história do Japão e o sétimo mais violento do mundo. Quatro usinas nucleares da região atingida pelo terremoto foram desligadas por precaução. Uma delas, a de Fukushima, teve problemas no sistema de resfriamento elétrico, o que resultou no segundo maior acidente nuclear da história, comparado à Chernobyl. Até o dia 13 de março, o número de mortos era de 13.000. CABRAL, Otávio. Terremoto, tsunami e choque. *Veja*, p. 82-96, 16 mar. 2011.

[9] LUHMANN, Niklas. *Risk: a sociological theory*. New Jersey: Aldine Transaction, 2008, p. 8 e segs.; FARBER, Daniel; CHEN, Jim; VERCHICK, Robert. R.M.; SUN, Lisa Grow. *Disaster Law and Policy*. New York: Aspen Publishers, 2010.

[10] FARBER, Daniel. Op. cit., p. 1.

[11] SHRADY, Nicholas. *O último dia do mundo: fúria, ruína e razão no grande terremoto de Lisboa de 1755*. Rio de Janeiro: Objetiva, 2011, p. 162.

O desastre foi razão de comentários, especulações e debates acalorados nas universidades, instituições civis e nas ruas. Apesar da relutância do clero, a sociedade aguardava a manifestação dos poetas e filósofos, que devido à pressão da igreja católica e a sombra da inquisição, acabaram por se manifestar em outros países. Voltaire, Rousseau, Kant, dentre outros, foram protagonistas de discursos anticlericanos, racionalistas e contra superstições.[12] O argumento de Rousseau foi um dos primeiros a situar o desastre em um contexto social científico. De acordo com o filósofo, muito da culpa das mortes deveria ser atribuída à falha humana. Kant, por sua vez, publicou três tratados sobre os terremotos considerando-os fenômenos físicos, não morais. Como resultado de uma enxurrada de investigações científicas, em 1756, uma espécie de questionário sismológico foi enviado à diocese de Portugal. Tal questionário, denominado Inquérito de Pombal, ficou conhecido como um dos documentos fundadores da história da sismologia moderna. O documento mostrava uma preocupação com a administração moderna do desastre. "Não somente Deus era excluído do quadro, mas agora o Estado esclarecido havia entrado em cena". Significa dizer que, além da influência exercida na política, o acontecimento lusitano lançou luzes e abriu portas para um novo debate também no Direito. Afinal, o reconhecimento da possibilidade de falhas humanas permite a cogitação de responsabilidades.[13] A partir de então, desastre e racionalidade começam a trilhar caminhos paralelos.

1.2. Contexto social dos desastres

Assim como Chernobyl marca a entrada da Sociedade Contemporânea na era do risco global,[14] Fukushima parece estabelecer o início de uma nova era em que tais realidades são ainda mais potencializadas por eventos e colapsos socioambientais (com causas naturais e humanas) de enorme capacidade destrutiva para o meio ambiente, patrimônio e vidas humanas. Não se trata de catastrofismo, mas do incremento das indeterminações que envolvem os processos de tomada de decisão na Sociedade Contemporânea.

---

[12] SHRADY, Nicholas, op. cit., p. 143-147.

[13] Ibidem, p. 167-173.

[14] BECK, Ulrich. *Risk Society*: Towards a New Modernity. London: Sage, 1992; BECK, Ulrich. *La Sociedad del Riesgo Global*. Madrid: Siglo Vientiuno, 2002; LUHMANN, Niklas. *Risk: a sociological theory*. New Jersey: Aldine Transaction, 2008.

O simbolismo de Fukushima vai além daquele representado por Chernobyl. Isto ocorre em razão do acidente nuclear de Chernobyl ter sido um *acidente tecnológico* (*man-made disaster*). Fukushima apresenta uma cadeia de fatores (terremoto seguido de tsunami que, ao atingir o sistema de refrigeração dos reatores nucleares, provocou diversas explosões nucleares), sinergeticamente combinados em feixes causais de *impensável quantificação probabilística* e de consequências catastróficas. Além de ter sido fruto de causalidade mista (natural e antropogênica), o evento japonês reúne o que se pode denominar de cenário concebível (*worst-case scenarious*[15]) e de complexidade inabarcável (*ecocomplexidade*).[16]

Além disso, enquanto Chernobyl tem uma matriz industrial potencializada, comportando algum controle e decisões, o desastre de Fukushima torna extremamente turva a distinção entre risco (passível de algum controle pelos processos de tomada de decisão pelos sistemas sociais) e perigo (completamente alheio ao sistema social).[17] Há, assim, uma maior dificuldade em diagnosticar a distinção entre riscos e perigos, o que se dá, paradoxalmente, a partir da maior capacidade decisória tecnológica atual e, consequentemente, do concomitante incremento das indeterminações pela ampliação das possibilidades que engendram as catástrofes atuais.

---

[15] Sobre o tema: SUNSTEIN, Cass R. *Worst-Case Scenarios*. Cambridge: Harvard University Press, 2007.

[16] CARVALHO, Délton Winter de. "Aspectos Epistemológicos da Ecologização do Direito: reflexões sobre a formação dos critérios para análise da prova científica". *Scientia Iuridica*. n° 324, tomo LIX, Braga: Universidade do Minho, 2010.

[17] Cumpre esclarecer que, ao longo do presente trabalho, se adota um conceito de risco e de perigo a partir de uma matriz sistêmica, para a qual o risco consiste em consequências adversas e indesejadas dos processos de tomada de decisão, sendo a sua observação possível a partir do binômio probabilidade/improbabilidade. Desta forma, o risco está ligado a uma ideia de consequências futuras de decisão, havendo um grau variável nas possibilidades de sua observação, racionalização, controle e previsibilidade pelo sistema em que se toma a decisão. Ao contrário, o perigo consiste em consequências adversas provenientes do exterior do sistema atingido por este, vez que a capacidade de decisão acerca de sua produção, distribuição ou gestão é alheia ao sistema atingido. Nestes termos, a distinção entre o risco e o perigo se dá pela perspectiva diversa existente entre estes, enquanto o risco representa a observação do sistema em que o processo de tomada de decisão foi/será tomado (racionalidade limitada), o perigo representa a perspectiva dos atingidos pela possibilidade de futuras consequências indesejáveis de uma decisão, cujo controle, informação, sentido e gestão lhe são inacessíveis. Acerca desta concepção de risco, ver: LUHMANN, Niklas. *Risk: a sociological theory*. New Jersey: Aldine Transaction, 2008. Contudo, a adoção do presente sentido atribuído ao risco/perigo não pretende excluir, de forma absoluta, uma distinção, realizada especialmente no âmbito da Doutrina Internacional de Direito Ambiental para a qual o risco seria um perigo pressentido, mas não demonstrado, ao passo que o perigo estaria caracterizado quando demonstrada sua altíssima probabilidade. Assim, o risco seria entendido como a eventualidade de sofrer um dano futuro, numa acepção de maior incerteza do que aquela prevista ao perigo. Portanto, a tênue linha divisória entre risco e perigo dar-se-ia pela previsibilidade (WINTER, Gerd. *European Environmental Law: A Comparative Perspective*. Aldershot: Dartmouth, 1996, p. 41.)

Os desastres climáticos, por exemplo, estão tendencialmente a crescer, conforme demonstra o Relatório de Desenvolvimento Humano de 2007-2008 das Nações Unidas, tornando mais complexos os padrões e modelos de avaliação de riscos e perigos, bem como tornando cada vez mais turvas as intersecções entre danos ambientais tradicionais e aqueles dotados de especificidades de desastres (grande magnitude, duradouros e efeitos combinados sinergeticamente). Apenas para se ter uma ideia, entre 2000 a 2004, foi registrada uma média de 326 desastres climáticos por ano, vitimando em torno de aproximadamente 262 milhões por ano, o que consiste em mais do que o dobro da média registrada na primeira metade da década de oitenta.[18]

Na *Sociedade Pós-Industrial*, apresentada ao mundo pela explosão do reator nuclear de Chernobyl, tem-se a *normalização dos perigos*,[19] num processo de ocultação das causalidades que envolvem os riscos abstratos. Contudo, a atualidade nos está trazendo a uma normalização das consequências daquela formatação social, isto é, está-se diante da concretização dos riscos negligenciados, numa *normalização dos desastres*.

A inexistência de uma estrutura jurídica específica para o tratamento dos desastres ambientais (naturais e antropogênicos), bem como a intensificação de tais eventos no país, nos últimos anos, lança a necessidade da constituição de uma análise introdutória acerca destes eventos e sua relação com o Direito Ambiental. Da mesma forma, o *deficit* de estruturação deste tema nos diversos sistemas sociais (política, direito, economia, técnica) torna determinadas regiões do planeta ainda mais vulneráveis em relação a tais eventos.

1.3. A formação de um sentido jurídico para os desastres

A formação do sentido de desastres encontra-se numa relação semântica pendular entre (*i*) *causas* e (*ii*) *consequências* altamente específicas e complexas, convergindo para a descrição de fenômenos so-

---

[18] Nações Unidas para o Desenvolvimento – PNUD. "Choques Climáticos: risco e vulnerabilidade em um mundo desigual". In: *Relatório de Desenvolvimento Humano 2007-2008*. Coimbra: Almedina, 2007, p. 75.

[19] Para Ulrich Beck, as instituições da sociedade industrial desenvolvida (política, direito, ciências da técnica, empresas industriais) dispõem de um amplo arsenal para a normalização dos perigos que não são calculáveis. Este processo de normalização dos perigos, segundo o autor, leva a uma depreciação da magnitude destes, forçando a "um anonimato causal e jurídico". (BECK, Ulrich. "De la sociedad industrial a la del riesgo: cuestiones de supervivência, estructura social e ilustración ecológica". *Revista Occidente*, n. 150, 1993, p. 28)

cioambientais de grande apelo midiático[20] e irradiação policontextual (econômica, política, jurídica, ambiental) capazes de comprometer a (*iii*) *estabilidade do sistema social*.[21]

(*i*) Uma concepção dominante de catástrofe nos remete aos impactos humanos e sociais ocasionados pela natureza,[22] tais como terremotos, tornados, incêndios etc. Esta *concepção naturalística de catástrofes* tende a vincular os desastres a eventos naturais desencadeadores de danos humanos e à propriedade, dotados estes de grande magnitude. Subjaz a esta noção, mais tradicional, uma distinção *cartesiana* entre homem/natureza, concebendo desastres como aqueles eventos naturais, não habituais e de intensidade irresistível.[23]

No entanto, a evolução tecnológica e científica da Sociedade Contemporânea ocorrida, principalmente, após a industrialização, desencadeia a ampliação da capacidade de intervenção do homem sobre a natureza,[24] havendo, em quase todos os desastres denominados *naturais*, algum fator antropogênico.[25] Esta situação, por evidente, ocasiona, ao direito e à teoria da responsabilidade, uma maior dificuldade na delimitação do que se trata de *"act of God"* e o que seria decorrente de *"act of Man"*, para fins de delimitação da previsibilidade ou não de um evento e, consequentemente, da incidência destes fenômeno como excludente de responsabilidade (especialmente civil e administrativa) de entes públicos e privados.

Apesar de tais dificuldades, para fins didáticos, os desastres são constantemente descritos e classificados segundo suas causas, como naturais (*natural disasters*) ou antropogênicos (*man-made disasters*). Os *desastres naturais* são aqueles decorrentes imediatamente de fenômenos naturais, atribuíveis ao exterior do sistema social. Nota-se uma ênfase

---

[20] SUGERMAN, Stephen D. "Roles of Government in Compensating Disaster Victims". *Issues in Legal Scholarship*. Manuscript 1093, Berkeley: The Berkeley Electronic Press, 2006, p. 3.

[21] CARVALHO, Délton W de. Por uma necessária introdução ao direito dos desastres ambientais. *Revista de Direito Ambienta*, ano 17, vol., 67, jul.-set., 2012, p. 113.

[22] SÉGUR, Philippe. "La catastrophe et le risqué naturels. Essai de definition juridique". *Revue du Droit Public*. 1997, p. 1.693 e segs.

[23] SÉGUR, Philippe. op. cit.

[24] "O facto totalmente inédito que caracteriza as nossas sociedades fundadas sobre a ciência e a técnica é que agora somos capazes de desencadear tais processos na e sobre a própria natureza. As secas, os ciclones e os tsunamis de amanhã, ou simplesmente o temp que fará, este tempo que desde sempre serve de metáfora à natureza, serão produto das nossas acções. (...) Eles serão os prdutos inesperados dos processos irreversíveis que teremos desencadeado, na maior parte das vezes sem querermos nem sabermos". (DEPUY, Jean-Pierre. "Ainda há catástrofes naturais?" *Análise Social*. Vol. XLI, n. 181, 4 trim., 2006, p. 1192-1193)

[25] FARBER, Daniel; CHEN, Jim; VERCHICK, Robert. R.M.; SUN, Lisa Grow. *Disaster Law and Policy*. New York: Aspen Publishers, 2010, p. 03.

vinculativa deste termo com eventos vinculados aos sistemas geológico e meteorológico.[26] Os desastres naturais são compostos por desastres geofísicos, meteorológicos, hidrológicos, climatológicos e biológicos.[27] São alguns exemplos de desastres geofísicos, os terremotos, maremotos, tsunamis e vulcões; de meteorológicos, tempestades, tornados e furacões; de hidrológicos, as inundações; de climatológicos, as temperaturas extremas, os incêndios e as secas; de biológicos, as epidemias e as infestações de insetos.[28]

Já os *desastres antropogênicos* são constituídos por desastres tecnológicos e sociopolíticos[29] e decorrem de fatores humanos. Sob o ponto de vista sistêmico, pode ser dito que tais desastres decorrem do sistema social (principalmente, do científico, do econômico e do político). São espécies de *desastres tecnológicos*, o uso da tecnologia nuclear (Chernobyl, Three Mille Island[30] e Fukushima), as contaminações químicas (Bophal, Exxon Valdez,[31] BP Deepwater Horizon[32] etc.), os riscos

---

[26] FARBER, Daniel, et al. op. cit., p. 03.

[27] VOS, Femke; RODRIGUEZ, Jose; BELOW, Regina; GUHA-SAPIR, D. *Annual Disaster Statistical Review 2009: the numbers and trends*. Brussels: CRED, 2010, p. 13

[28] Para uma completa codificação dos desastres naturais, humanos e mistos, ver o Política Nacional de Defesa Civil (publicado no Diário Oficial da União n° 1, em 2 de janeiro de 1995, através da resolução n° 2 de 12 de dezembro de 1994), disponível no site da defesa civil em <http://www.defesacivil.gov.br/codar/index.asp>. Acesso em: 21.10.2011.

[29] PORFIRIEV, Boris N. "Definition and delineatin of desastres." In: *What is a Disaster?* E. L. Quarantelli (ed.). New York: Routledge, p. 64.

[30] Acidente nuclear, ocorrido em 1979, devido ao derretimento parcial do núcleo de um dos reatores. A usina nuclear Three Mile Island localizava-se próxima a Middletown, no Estado da Pennsylvania. O desastre foi uma combinação de falha de equipamento, erro humano, dentre outros. Three Mile Island mudou permanentemente a indústria nuclear nos Estados Unidos. Mesmo não tendo levado a nenhuma morte ou lesão imediatas para trabalhadores da fábrica ou membros da comunidade vizinha, Three Mile Island teve um impacto devastador sobre a indústria de energia nuclear, trazendo mudanças radicais acerca do planejamento de resposta a emergências, treinamento de operadores do reator, engenharia de fatores humanos, proteção contra as radiações, e muitas outras áreas de operações em usinas nucleares. POWELL, Albrecht. Three Mile Island – 25 Years Later. *About.com.pittsburgh*. Disponível em: http://pittsburgh.about.com/cs/history/a/tmi.htm. Acesso em: outubro de 2011.

[31] O desastre do petroleiro Exxon Valdez ocorreu em 1989, causando danos imensos a uma grande área no litoral do Alasca. O navio que havia partido do terminal petrolífero de Valdez, no Alasca, bateu em um recife, o que ocasionou o rompimento do casco do navio. Cerca de 11 milhões de galões de óleo foram derramados no mar, e a área atingida chegou a 1.200 quilômetros quadrados. Apesar de terem ocorrido muitos outros derramamentos de óleo no mundo, o acidente com o Exxon Valdez aconteceu em águas remotas, onde se abrigava uma abundante e espetacular vida selvagem, causando danos terríveis à região. O derramamento do Exxon Valdez. Disponível em: http://discoverybrasil.uol.com.br/navios/emergencias_desastres/derramamento_exxon_valdez/index.shtml. Acesso em setembro de 2010.

[32] Em 20 de abril de 2010, uma explosão na plataforma de petróleo Deepwater Horizon resultou na libertação de quantidades substanciais de petróleo no Golfo do México, ameaçando a viabilidade de alguns dos ecossistemas mais importantes do mundo. BRODER, John M. Panel Wants BP Fines to Pay for Gulf Restoration, *New York Times*, setembro de 2010. Estima-se que 4,9 milhões de barris de petróleo tenham sido lançados ao mar antes do fechamento do poço em 15 de julho

nanométricos, os riscos biotecnológicos, dentre outras possibilidades exemplificativas. Já os *desastres sociopolíticos* podem ser, de forma não exaustiva, exemplificados nas guerras, na ocorrência de refugiados "ambientais" ou "de guerra", nas perseguições e no extermínio de civis por motivos étnicos ou políticos.

Esta dicotomia entre desastres naturais e antropogênicos é, constantemente, representada e acompanhada pela designação de termos como *desastres* para os primeiros e *acidentes* industriais para os casos previstos no segundo grupo. Não obstante a relevância das distinções conceituais acima, a grande maioria dos desastres decorre de uma *sinergia* de fatores naturais e antropogênicos (*desastres mistos ou híbridos*), sem que possa ser percebida uma prevalência de um destes, mas sim uma combinação de fatores híbridos num fenômeno de grandes proporções.

A preponderância do caráter híbrido dos desastres decorre do fato de estes fenômenos serem designados como catástrofes muito mais pelos resultados do que por suas causas. Assim, mesmo que um evento eminentemente natural tenha desencadeado uma série de sinistros, a dimensão de catástrofe será atingida por fatores humanos de amplificação, vulnerabilidade, agravamento ou cumulação. Assim, os riscos naturais podem potencializar os riscos antropogênicos, bem como estes detêm condições de amplificar aqueles.[33]

Os desastres consistem, conceitualmente, em *cataclismo sistêmico* de causas que, combinadas, adquirem consequências catastróficas. Por tal razão, o sentido de desastres ambientais (naturais e humanos) é concebido a partir da combinação entre eventos de causas e magnitudes específicas. Em outras tintas, trata-se de fenômenos compreendidos a partir de causas naturais, humanas ou mistas sucedidas por eventos de grande magnitude, irradiando danos e perdas significativas ambiental e socialmente.

---

de 2010. GILLIS, Justin. U.S. Finds Most Oil from Spill Poses Little Additional Risk, *New York Times*, agosto de 2010. Em 3 de janeiro de 2013, a Transocean, proprietária da plataforma petrolífera Deepwater Horizon, selou acordo com o Departamento de Justiça dos Estados Unidos para pagar multa no valor de US$ 1,4 bilhões, referente à sua responsabilidade no derramamento de petróleo no Golfo de México em 2010. O acordo encerra a investigação criminal contra a empresa e liquida os pedidos de sanções civis. O pagamento da multa será realizado em cinco anos. Conforme o acordo judicial federal, a Transocean se declara culpada por violar a Clean Water Act e assume a responsabilidade de adotar medidas para melhorar os procedimentos de segurança e emergência de resposta em plataformas de perfuração. Transocean to Pay $ 1.4 Billion in Gulf Spill Accord. *The New York Times*, janeiro de 2013.

[33] ARAGÃO, Alexandra. "Princípio da Precaução: manual de instruções". *Revista do CEDOUA*. n. 22, ano XI, 2008, p. 13.

(*ii*) No que diz respeito à magnitude necessária para que um evento seja considerado um desastre, tem-se uma nítida demonstração do antropocentrismo que lastreia as estruturas epistemológicas sociais, sendo, portanto, percebido nas construções jurídicas inerentes ao tema. Os desastres são constantemente descritos como eventos lesivos responsáveis pela *perdas de vidas humanas e propriedades*. O comprometimento dos recursos ambientais e seus respectivos serviços ecossistêmicos é constantemente ocultada nas análises mais tradicionais acerca do tema.

Para o *Centre for Research on the Epidemiology of Disasters – CRED*, desastre é a situação ou o evento que supera a capacidade local, necessitando um pedido de auxílio externo em nível nacional ou internacional, bem como um evento imprevisto e frequentemente súbito que causa grande dano, destruição e sofrimento humano.[34]

Segundo o referido centro de pesquisa da Universitè Catholique de Louvain – Belgium, ao menos um dos critérios que seguem deve ser preenchido para a configuração de um evento danoso à condição de desastre: (*i*) 10 (dez) ou mais mortes humanas (efetivas ou presumidas); (*ii*) pelo menos 100 (cem) pessoas atingidas (necessitando de comida, água, cuidados básicos e sanitários; desalojados e feridos); (*iii*) ter sido declarado estado de emergência; (*iv*) ter havido um pedido de ajuda internacional.[35] Já o *World Report Disaster 2010: Urban Risk* define como desastre um evento capaz de prejudicar seriamente pessoas e propriedades, atingindo um determinado número de mortos ou feridos, geralmente superior a 10.000 (dez mil) para mortes ou 1.000.000 (um milhão) de feridos.[36]

Não obstante as evidentes dificuldades de configuração de um conceito determinado para desastres a partir das suas consequências, tem-se que a acepção técnica do termo, aqui utilizado em seu sentido jurídico, não se refere a um plano individual (perda de propriedade, comprometimento de saúde, individualmente consideradas), mas diz respeito a eventos que atuam no plano da sociedade (*societal disasters*), geralmente entendidos como eventos de grandes perdas para um número substancial de pessoas e bens.[37]

---

[34] VOS, Femke; RODRIGUEZ, Jose; BELOW, Regina; GUHA-SAPIR, D. *Annual Disaster Statistical Review 2009: the numbers and trends.* Brussels: CRED, 2010, p. 12

[35] Ibidem.

[36] INTERNATIONAL FEDERATION RED CROSS AND RED CROSS CRESCENT SOCIETIES. *World Disaster Report 2011: focus in urban risk,* 2010. Disponível em <http://www.ofrc.org/Global/Publications/disasters/WDR/wdr2010/WDR2010-full.pdf>. Acesso em 16.11.2011.

[37] SUGERMAN, Stephen D. "Roles of Government in Compensating Disaster Victims". *Issues in Legal Scholarship.* Manuscript 1093, Berkeley: The Berkeley Electronic Press, 2006, p. 1.

A construção do sentido de desastres, centrada nas consequências lesivas do evento, demonstra uma valoração antropocêntrica das consequências que ensejam a caracterização de um evento como tal. Esta perspectiva, apesar de sua função didática e adequação operacional, olvida, ou pelo menos subestima, as consequências ecológicas negativas que um desastre pode ocasionar. Considerando a relevância das condições ambientais para a qualidade de vida, presente e futura, deve-se, para dizer o mínimo, tomar em consideração as perdas ecossistêmicas que um desastre ocasiona. Contemporaneamente, a *autonomização constitucional* do bem ambiental frente a outros direitos fundamentais ressalta a importância da proteção do meio ambiente e seus *processos ecológicos essenciais*[38] sem a necessidade de repercussões antropocêntricas ou sem servir este apenas para a defesa indireta de outras dimensões de direitos fundamentais, tais como saúde e propriedade.[39]

Em uma delimitação mais específica, os assim chamados *desastres ambientais* consistem em eventos (de causa natural, humana ou mista) capazes de comprometimento de funções ambientais ou lesões a interesses humanos, mediados por alguma mudança ambiental.[40]

A *função ecológica* dos ecossistemas e o seu comprometimento em razão da ocorrência de um desastre não podem ser olvidados quando da configuração, enquadramento e quantificação de um sinistro catastrófico. Neste sentido, os *serviços ambientais* prestados pelos ecossistemas (*ecosystem services*) começam a ser inventariados por estudos globais, a fim de quantificá-los monetariamente, com o escopo de promover uma avaliação monetária das consequências das mudanças destes para o bem-estar (humano). Um exemplo digno de destaque consiste no *Millennium Ecosystem Assessment*,[41] cujos resultados apresentam uma análise científica do estado da arte e as alterações sofridas pelos ecossistemas globais, bem como a descrição e quantificação dos serviços ambientais prestados por estes. O referido estudo fornece, ainda, uma base científica para sua conservação e utilização sustentável. A quantificação monetária dos serviços ambientais, a partir deste estudo, é tomada em consideração a partir dos custos de engenharia civil

---

[38] Art. 225, § 1º, I, Constituição Federal.

[39] Acerca da autonomia do direito ao meio ambiente saudável frente a outros direitos fundamentais, ver: CANOTILHO, José Joaquim Gomes (coord.). *Introdução ao Direito do Ambiente*. Lisboa: Universidade Aberta, 1998, p. 27; Acerca do Estado comprometido com a sustentabilidade ambiental: CANOTILHO, José Joaquim Gomes. *Estado de Direito*. Lisboa: Gradiva, 1999.

[40] FARBER, Daniel. "Symposium Introduction: Navigating the Intersection of Environmental Law and Disaster Law", p. 1785. Disponível em <http://lawreview.byu.edu/articles/1325732020_01Farber.FIN.pdf>. Acesso em: 11.01.2012.

[41] MILLENNIUM ECOSYSTEM ASSESSMENT. *Ecosystems and Human Well-Being: Synthesis*. Washington D.C.: Island Press, 2005.

pesada necessária para a realização de obras para obtenção dos efeitos protetivos equivalentes àqueles fornecidos por diversos ecossistemas naturais, tais como marismas, florestas, manguezais, dunas etc. Tais estudos demonstram que o valor dos serviços ambientais é bastante superior ao seu valor de mercado, o que demonstra uma *sub*valoração, uma desigualdade no usufruto da qualidade ambiental e uma evidente apropriação privada das funções ecológicas. Este *deficit* de valoração econômica atribuída aos serviços ecossistêmicos decorre da ausência de um mercado para tais serviços,[42] decorre da dificuldade de identificação dos beneficiados por tais serviços, bem como no pouco conhecimento acerca de tais serviços.[43]

Assim, a *função ecológica* dos recursos naturais atingidos por um desastre ambiental (seja ele natural, antropogênico ou misto) deve, indubitavelmente, ser incluída tanto nas medidas mitigadoras quanto na averiguação dos danos ocasionados e, consequentemente, na atribuição de um evento à condição de desastre. Nota-se que a conceituação normativa adotada pelo Direito brasileiro demonstra uma maior *abertura cognitiva* aos múltiplos fatores socioambientais que compõem um desastre *como resultado,* consistindo este no "resultado de eventos adversos, naturais ou provocados pelo homem sobre um ecossistema vulnerável, causando danos humanos, materiais ou ambientais e consequentes prejuízos econômicos e sociais".[44]

(*iii*) A análise sistêmica dos desastres demonstra, exatamente, o fato de estes se tratarem de fenômenos dotados de alta complexidade e constituídos por causas multifacetadas e consequências potencializadas. A interação entre estes fatores ressalta a relevância de uma análise sistêmica de tais fenômenos para a formação de um sentido jurídico para a operacionalização dos desastres, a fim de possibilitar a orientação, a imposição e o tratamento jurídico dos processos preventivos ou mitigatórios, das respostas emergenciais, da compensação e da reconstrução necessários em eventos catastróficos.

Sistemicamente, os desastres são provenientes de circunstâncias naturais, tecnológicas ou sociopolíticas. Esta combinação de fatores externos (exógenos) e internos (endógenos) ao sistema social, quando combinados cumulativa e sinergeticamente, é capaz de ocasionar a perda de sua estabilidade sistêmica. O comprometimento da *estabili-*

---

[42] SALZMAN, James; THOMPSON JR, Barton H.; DAILY, Gretchen C.. "Protecting Ecosystem Services: Science, Economics, and Law. *Standford Environmental Law Journal.* 20:309, 2001, p. 311-312.

[43] Sobre *as falhas sistêmicas e os déficits de justiça* que engendram a degradação e o consumo exagerado dos recursos naturais globais, ver: VERCHICK, Robert R. M.. *Facing Catastrophe: Environmental Action for a Post-Katrina World.* Cambridge: Harvard University Press, 2010, p. 43-60.

[44] Conforme disposto no art. 2º, II, do Decreto nº 7.257/10.

dade sistêmica repercute, assim, na quebra das rotinas coletivas inerentes às comunidades e sociedade e na necessidade de medidas urgentes (e geralmente não planejadas) para gerir (restabelecer) a situação.[45] Os desastres são fenômenos extremos capazes de atingir a *estabilidade sistêmica* social, num processo de *irradiação* e *retroalimentação* de suas causas e efeitos policontextualmente (econômicos, políticos, jurídicos, científicos).

Este processo leva a uma incapacidade sistêmica de produzir diferenciações fundamentais, tornando ainda mais *vulnerabilizada* a comunidade atingida, bem como dificultando as ações de socorro (tomadas de decisão imediatas e mediatas). Numa determinada comunidade atingida por um desastre, há a ausência de diferenciação entre a complexidade estruturada da economia, da política e do direito (diferenciação funcional dos sistemas sociais), havendo um colapso em maior ou menor intensidade com o comprometimento de cada uma das funções sistêmicas (pelo direito: regulação de condutas; pela economia: existência da cadeias de pagamentos e negócios; pela política: decisões coletivamente vinculantes; pela ciência: relatórios gerados a partir de informações dotadas de credibilidades científicas).

Os desastres estão diretamente ligados à ideia de eventos capazes de desestabilizar um sistema ao ponto de que este perca a capacidade de diferenciação funcional e de operacionalizar e assimilar aquele evento rapidamente. Tal colapso gera, por evidente, uma incapacidade de assimilação e recuperação rápida, sendo, por esta razão, a *resiliência*[46] um conceito central na descrição das catástrofes. Em tal perspectiva, os desastres envolvem sempre a ocorrência inesperada ou repentina que demanda uma ação imediata. Mesmo que um desastre não possa ser caracterizado como inesperado, em muitos casos, este demandará uma ação de socorro imediata sob pena de potencialização de sua magnitude. Trata-se de um fenômeno que envolve, na condição de atingido, *comunidades*, não devendo ser pensado, para sua configuração (como desastre) como um fenômeno de lesões individuais.[47]

Em termos genéricos, a configuração de um evento como desastre tende a restringir as declarações a eventos de amplitude difusa com graves consequências tidas como suficientes para superar as capacidades dos governos estaduais e locais de atendimento ao evento.[48]

---

[45] PORFIRIEV, Boris N. "Definition and delineation of disasters", p. 62.

[46] A resiliência consiste exatamente na maior ou menor capacidade de retomada ao estado anterior ao desastre.

[47] PORFIRIEV, Boris N. Op. cit., p. 62.

[48] SUGERMAN, Stephen D. "Roles of Government in Compensating Disaster Victims". *Issues in Legal Scholarship*. Manuscript 1093, Berkeley: The Berkeley Electronic Press, 2006, p. 2.

Neste sentido, uma análise sistêmica dos desastres privilegia a análise da perda da estabilidade do sistema atingido, diminuindo a ênfase à distinção entre desastres naturais e antropogênicos. Na verdade, o dualismo cartesiano (homem/natureza), bem como um monismo naturalista, consistem em posições "potencialmente mortíferas", vez que excluem o terceiro.[49] Os desastres detêm uma condição ímpar à Sociedade Contemporânea: servir de instrumento de reinclusão (*re-entry*) do terceiro excluído, uma noção híbrida das relações entre sistema social e ambiente natural.

Assim, uma "semântica das catástrofes" é desenvolvida a partir da ênfase na necessidade de antecipação aos perigos (alheios a qualquer controle) ou riscos (passíveis de alguma dimensão de controle pelo sistema) catastróficos.[50] Desta maneira, os desastres lançam um especial destaque ao horizonte futuro em distinção ao presente, contudo, a partir de uma comunicação de risco pode haver uma racionalização das incertezas em detrimento apenas de um medo irracional e paralisante atinente aos riscos tecnológicos, aos perigos naturais e aos riscos híbridos.

1.4. Características do direito dos desastres

A partir da semântica descrita, pode-se visualizar um emergente campo jurídico acadêmico que engloba um amplo corpo de pesquisa e procura informar as tomadas de decisões relacionadas a prováveis ocorrências de desastres.

Nessa linha, o direito de desastres apresenta algumas características principais:

(*i*) *multidisciplinariedade*: pelo fato de ser um acontecimento complexo (ecocomplexo), a compreensão dos eventos determinantes para o seu desencadeamento requer o trabalho conjunto e complementar de equipes de pesquisa de áreas diferentes, tais como: geologia, climatologia, meteorologia, engenharia, especialistas em gestão do risco, direito, dentre outras. É a partir do cruzamento das informações das diversas áreas do conhecimento que se desenvolvem estratégias para a não repetição dos erros do passado, e que se criam pontes para a antecipação em relação a gestão dos riscos antecipáveis do futuro. Essa necessidade de intersecção de conhecimentos pode ser observada em diversas pas-

---

[49] OST, Fraínçois. *A natureza à margem da Lei: a ecologia à prova do direito*. Lisboa: Piaget, 1997, p. 16.

[50] LUHMANN, Niklas. *Sistemas Sociales: Lineamientos para una Teoría General*. Alianza Editorial: México, 1991, p. 383.

sagens da Lei 12.608/2012. A identificação e o mapeamento de áreas de risco do Município, levando em conta as cartas geotécnicas,[51] e a obrigatoriedade de laudo técnico geomorfológico demonstrando os riscos de ocupação de determinada área para a integridade física dos ocupantes ou de terceiros, são dois bons exemplos;[52]

(*ii*) não por outra razão, a segunda e mais importante característica do direito dos desastres está ligada a sua unificação com o *conceito de gestão de risco*. Significa dizer que cada fase do ciclo de desastre – mitigação, resposta de emergência, compensação, assistência do governo e reconstrução – é parte deste portfólio de gerenciamento de risco, conforme ilustra a seguir.[53] Os esforços de mitigação tentam diminuir o impacto potencial de eventos de desastres antes do fato, enquanto resposta tenta fazê-lo depois. Seguros, responsabilidade civil e assistência do governo proporcionam meios de difusão e transferência de riscos.[54] A reconstrução deve preocupar-se com o retorno ao *status* anterior, mas também com a possibilidade de um próximo desastre, o que envolve esforços de mitigação e de aplicação das lições de aprendizado do passado no presente, o que terá reflexos no futuro. Trata-se de um círculo de gestão que se retroalimenta infinitamente, o que pode ser visualizado pela descrição da figura 1;

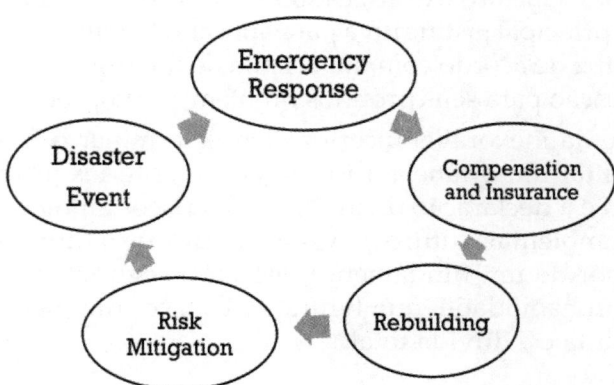

Figura 1 – Círculo de Gestão do Risco
Fonte: Figura apresentada por Daniel Farber no artigo Disaster Law and Emerging Issues in Brazil. *Revista de estudos constitucionais, hermenêutica e teoria do direito-(RECHTD)*, 4(1): 2-15 janeiro-junho, 2012.

---

[51] Conforme artigo 42 A, § 1º, da Lei 12.608/2012.

[52] Conforme artigo 42 B, § 1º, I e II.

[53] FARBER, Daniel. Disaster Law and Emerging Issues in Brazil. *Revista de estudos constitucionais, hermenêutica e teoria do direito-(RECHTD)*, 4(1): 2-15 janeiro-junho, 2012.

[54] Idem, p. 16.

(*iii*) o direito dos desastres está *intimamente ligado à lei reguladora* (especialmente com o planejamento do uso do solo e controle de riscos ambientais).[55] Além de não serem simplesmente acidentes ou atos de Deus – os desastres envolvem também outra espécie de participação humana: o fracasso do sistema legal para enfrentar eficazmente os riscos. Em situações como a dos riscos nucleares, derramamentos de petróleo, ondas de calor e enchentes, por exemplo -, vê-se uma estreita relação entre um acontecimento súbito e catastrófico com um problema ambiental de longo prazo caracterizado pela falha regulatória. Uma legislação ambiental de qualidade e sua eficaz imposição diminuem a probabilidade e gravidade dos desastres naturais.[56] A incapacidade para proteger o ambiente tem o efeito inverso.[57]

1.5. Principiologia para o gerenciamento (administrativo e jurisdicional) dos riscos pelo direito dos desastres

Os desastres têm o reflexo imediato de intensificar a necessidade do gerenciamento dos riscos ambientais pelo Direito, mediante a construção de observações, vínculos e decisões sobre o futuro. Esse último, portanto, passa a ser a principal justificativa para aplicar o Direito que a própria sociedade produz de acordo com um cálculo de interesse e, cada vez mais, como uma reação para seus próprios problemas autoproduzidos.[58]

Em face da inexorável incerteza em determinar o futuro,[59] faz-se de fundamental importância a formação de critérios jurídicos para a configuração e a declaração da ilicitude dos riscos ambientais intoleráveis (danos ambientais futuros). Assim, ainda que o futuro seja incerto, deve-se dispor de um fundamento decisório seguro[60] (racionalizado), tal como a probabilidade, que figura no espaço intermediário entre a certeza absoluta e a dúvida total.[61]

---

[55] FARBER, Daniel. Disaster Law and Emerging Issues in Brazil. Op cit, p.16.

[56] VERCHICK, Robert R. M.. *Facing Catastrophe: Environmental Action for a Post-Katrina World*. Cambridge: Harvard University Press, 2010, p. 128 e seguintes.

[57] FARBER, op cit, p. 35.

[58] LUHMANN, Niklas. "The Third Question: The Creative Use of Paradoxes in Law and Legal History". In: *Journal of Law and Society*, v. 15. n. 2, 1988.

[59] LUHMANN, Niklas. *Risk: a sociological theory*. New Jersey: Aldine Transaction, 2008; ESPOSITO, Elena. *Probabilità Improbabili: La realtà della finzione nella società moderna*. Roma: Meltemi, 2008, p. 24-26.

[60] ESPOSITO, Elena. op. cit., p. 26.

[61] Idem, p. 16.

Este processo de ponderação da intolerabilidade dos riscos ambientais e a consequente configuração destes como danos ambientais futuros (riscos ambientais geridos pela sua declaração de ilicitude) far-se-á mediante uma análise jurídico-probatória acerca da equação probabilidade/magnitude.[62] Para tanto, o Direito dos Desastres, assim como o Direito Ambiental, deve influenciar a formação de um Direito centrado na formação de observações e vínculos lançados sobre futuro, diante da crescente necessidade de controlá-lo (por meio de decisões sobre riscos ambientais) a partir de uma orientação constitucionalmente fundada, processo este intensificado por ameaças globais, como é o caso das mudanças climáticas, da expansão populacional, dentre outros fatores desencadeadores de grandes catástrofes.

Estruturalmente, o gerenciamento destes riscos deve se dar administrativa e/ou jurisdicionalmente,[63] enquanto que, funcionalmente, tal gestão deve ser pautada por uma *racionalização das incertezas*.[64] Isto em razão da constatação do futuro ser sempre incerto, caso em contrário não seria futuro, sendo descritível apenas por meio de observações de probabilidade/improbabilidade.

Assim, tem-se a necessidade de estruturação de uma principiologia instrumentalizadora do gerenciamento jurídico dos riscos ambientais, a fim de desencadear esta *racionalização das incertezas* (em relação à técnica, à ciência e ao futuro). Como se sabe, os princípios apresentam uma relevância singular na ciência jurídica, em razão de sua maior flexibilidade interpretativa; destes conterem uma dimensão de peso ou importância para ponderação dos interesses envolvidos ou em casos de conflitos entre vários princípios;[65] de estes fornecerem uma sistematicidade e organicidade a determinados ramos jurídicos; destas programações consistirem em ideias mais genéricas e abstratas, capazes, portanto, de orientar determinadas áreas ou matérias jurídicas; destes carregarem uma carga de programação finalística.

Apesar da inexistência de uma principiologia consolidada para a gestão dos riscos ambientais a partir de decisões jurídicas, tem-se, na doutrina e em documentos normativos internacionais, a "fixação de

---

[62] LUHMANN, Niklas. *Risk: a sociological theory*, p. 30.

[63] CARVALHO, Délton Winter de. "Sistema Constitucional de Gerenciamento de Riscos Ambientais". *Revista de Direito Ambiental*. n. 55, julho-setembro, 2009, p. 52-75; STEWART, Richard B. "The role of the Courts in Risk Management". In: *Law and Environment: a multidisciplinary reader*. Robert V. Percival; Dorothy C. Alevizatos. Philadelphia: Temple University Press, 1997.

[64] ESPOSITO, Elena. op. cit., p 27; DE GIORGI, Raffaele. *Direito, Tempo e Memória*. São Paulo: Quartin Latin, 2006, p. 234.

[65] DWORKIN, Ronald. *Levando os Direitos a Sério*. São Paulo: Martins Fontes, 2002, p. 39-46.

valores limites"⁶⁶ que acabam por convergir em pontos comuns, a fim de formar um sistema de princípios jurídicos orientadores do controle dos riscos ambientais (administrativa e judicialmente).

Aproveita-se para destacar alguns destes:

(i) *Princípio da Proporcionalidade*: este princípio apresenta dois sentidos aplicáveis à gestão dos riscos pelo Direito dos Desastres, um voltado à descrição e à formação de critérios para análise da magnitude destes e, outro, atuando como condição de possibilidade para o Direito aplicar adequadamente (proporcional) as medidas preventivas impostas aos riscos ambientais objeto de gestão.

No primeiro caso (proporcionalidade dos riscos), o potencial lesivo deve ser levado em consideração a fim de determinar a incidência do princípio da precaução, isto é, quanto mais graves os efeitos esperados, maior a relevância de sua mitigação. Consequentemente, quanto mais graves as espécies de danos e os resultados danosos que estão em jogo (ainda como expectativa futura), tanto mais real deve este ser considerado durante o processo de sua análise.⁶⁷

De outro lado, as medidas preventivas impostas devem ser proporcionais à gravidade dos riscos ambientais diagnosticados a fim de permitir que se atinja o nível de proteção pretendido. Para tanto, a mitigação dos riscos não deve levar em consideração apenas os riscos imediatos, devendo, outrossim, incluir a análise dos potenciais efeitos a médio e a longo prazo (que poderão somente aparecer num prazo de dez ou vinte anos ou mesmo nas gerações futuras).⁶⁸

Neste sentido, o Princípio da Proporcionalidade tem uma função sistêmica de formar um "equilíbrio de interesses", mediante a análise de necessidade, adequação e proibição do excesso nas medidas adotadas.⁶⁹ Esta ponderação acerca dos interesses em jogo deve observar, contudo, um nível de proteção elevado (padrão mínimo existencial ecológico), que a Constituição brasileira assegura sem deixar dúvidas em expressões tais como "meio ambiente ecologicamente equilibrado", "sadia qualidade de vida", "preservar e restaurar os processos ecológicos essenciais", "controlar a produção, a comercialização e o emprego

---

[66] CANOTILHO, José Joaquim Gomes. "Direito Constitucional Ambiental Português: tentativa de compreensão de 30 anos das gerações ambientais no direito constitucional português", p. 10.

[67] CANOTILHO, José Joaquim Gomes. Op. cit.

[68] Comissão das Comunidades Européias. *Comunicação da Comissão relativa ao Princípio da Precaução*. Bruxelas, 02.02.2000. COM (2000)1, p. 19.

[69] GOMES, Carla Amado. "Subsídios para um Quadro Principiológico dos Procedimentos de Avaliação e Gestão do Risco Ambiental". *Revista Jurídica do Urbanismo e do Ambiente*. n. 17, junho, 2002, p. 50.

de técnicas, métodos e substâncias que comportem risco para a vida, a qualidade de vida e o meio ambiente" etc.

(*ii*) *Princípio da Precaução*: este princípio atua como um programa para decisões que tenham por objeto riscos abstratos, isto é, riscos existentes em contextos de incerteza científica quanto às informações que envolvam a sua probabilidade de ocorrência futura ou os possíveis efeitos decorrentes de sua concretização. Situado num contexto de incerteza científica, a precaução centraliza-se numa lógica de *análise probabilística dos riscos ambientais*.

Como se sabe, este princípio foi consagrado com a adoção da Declaração do Rio que, em seu princípio 15 estabelece que "Para que o ambiente seja protegido, serão aplicadas pelos Estados, de acordo com as suas capacidades, medidas preventivas. Onde existam ameaças de riscos sérios ou irreversíveis não será utilizada a falta de certeza científica total como razão para o adiamento de medidas eficazes em termos de custo para evitar a degradação ambiental".

A aplicação deste princípio deve atentar para 5 (cinco) subprincípios que, em conformidade com a Comunicação da Comissão das Comunidades Europeias relativa ao Princípio da Precaução, consistem na (*i*) proporcionalidade, (*ii*) não discriminação, (*iii*) a coerência, (*iv*) a análise das vantagens e dos encargos que podem resultar da atuação ou da ausência de atuação e (*v*) análise da evolução científica.[70]

Nesse contexto (de incerteza científica) e conforme já observado acima, a proporcionalidade impõe a obrigatoriedade das medidas adotadas serem condizentes ao nível de proteção pretendida. Da mesma forma, a aplicação das medidas precaucionais não deveria causar discriminação, com a constatação de que situações semelhantes não deverão ser tratadas de forma diferente, e situações diferentes não venham a ser tratadas da mesma maneira. Ainda, as medidas a serem adotadas devem ser coerentes com medidas já adotadas em casos semelhantes ou usando abordagens assemelhadas, segundo o subprincípio da coerência. As medidas impostas devem pressupor a análise das vantagens e dos encargos decorrentes da atuação ou de sua ausência, sendo que esta análise deverá incluir uma reflexão econômica sobre custos e benefícios quando adequado e viável. Este subprincípio inclui também outros métodos de análise, tais como os que à eficácia e ao impacto socioeconômico das possíveis opções, bem como as instâncias decisórias

---

[70] Comissão das Comunidades Européias. *Comunicação da Comissão relativa ao Princípio da Precaução*. Bruxelas, 02.02.2000. COM (2000)1, p. 18-22.

serem orientadas por considerações não econômicas[71] (custo e ganho ambiental; equivalência ecológica).

O presente princípio atua como um programa de decisão orientado a impor a adoção de uma obrigação geral de cautela em contextos de incerteza científica quanto às possíveis consequências de uma atividade, produto ou tecnologia. Tais medidas podem ir desde a autorização de uma atividade mediante controle documental (relatórios periódicos, renovações de licenças ambientais etc.) até a suspensão parcial ou total de uma atividade. Entre tais medidas, por evidente, extremadas, encontram-se outras intermediárias, tais como a obrigatoriedade de adoção da *melhor tecnologia disponível*; a obrigatoriedade de instalação de filtros ou de estações de tratamento de efluentes; a obrigação de apresentação de estudos aprofundados acerca dos riscos inerentes à atividade, produto ou tecnologia; entre outras medidas possíveis.

Sob o ponto de vista legislativo, o princípio da precaução (incerteza quanto à probabilidade do risco de desastre) encontra respaldo já nas disposições gerais da Lei 12.608/2012. Segundo o artigo 2°, § 2°: "A incerteza quanto ao risco de desastre não constituirá óbice para a adoção das medidas preventivas e mitigadoras da situação de risco".

Os riscos catastróficos têm, geralmente, baixas probabilidades, mas consequências extremas. Neste sentido, os riscos são marcados por uma grande incidência de incerta científica, o que dificulta a aplicação de metodologias de quantificação de sua probabilidade. Contudo, mesmo que as consequências sejam *remotas e altamente especulativas,*[72] destaca-se a necessidade de investigação (demonstrada nos estudos de impactos ambientais) em casos de potencial catastrófico (ataques terroristas, acidentes nucleares, terremotos, acidentes industriais, epidemias etc.).

Mesmo diante de grandes incertezas científicas, da precariedade de dados ou a absoluta ausência de informações, há a necessidade de que tais elementos sejam objeto de reflexão transparente pelos estudos ambientais e decisões administrativas. A existência de incertezas e até mesmo a ausência de dados científicos devem ser levantadas e consideradas nos estudos ambientais, mesmo sem a possibilidade

---

[71] Comissão das Comunidades Européias, cit., p. 19.

[72] FARBER, Daniel. "Confronting Uncertainty under NEPA". *Issues in Legal Scholarship.* Vol. 1. Iss. 3, (Balancing the Risks: Managing Technology and Dangerous Climate Change), Article 3, The Berkeley Electronic Press, 2009, p. 4. Disponível em <http://www.bepress.com/ils/vol8/iss3/art3>. Acessado em: 22.06.2011.

de demonstração quantificável das probabilidades. Adotando-se o exemplo das agências e cortes americanas, mais provocadas acerca de riscos catastróficos em razão de suas características climáticas e industriais, observa-se um destaque ao princípio da informação, bem como a necessidade de apresentação explícita, transparente e motivada no que diz respeito às dúvidas existentes acerca dos riscos, quer em suas probabilidades de ocorrência ou em sua possível magnitude catastrófica.[73] Sempre que a obtenção de informações seja possível a um custo razoável e haja a dúvida científica ou omissão de tais dados, estes devem ser trazidos à análise do órgão ambiental no procedimento autorizativo administrativo.[74] Neste caso, os critérios utilizados para impor a necessidade de aprofundamento investigativo acerca de riscos de desastres é que deva haver um *prognóstico razoável* (*rule of reason*) que inclua as possíveis consequências catastróficas, mesmo com baixas probabilidades.[75] Alguns eventos catastróficos, mesmo diante de sua remota probabilidade, podem ter consequências tão catastróficas capazes de justificar que tais riscos sejam levados em consideração.[76]

Diante da possibilidade de especulações acerca de riscos catastróficos, as agências são compelidas a uma leitura mais exigente (*hard look doctrine*)[77] acerca dos piores cenários possíveis (*worst-case scenarious*), impondo uma busca pelo aprofundamento de informações ambientais para identificação técnica dos riscos, suas incertezas, precariedade de dados ou mesmo ausência destes e, finalmente, a realização de processos de publicização em audiências públicas.

---

[73] JASANOFF, Sheila. *Science at the Bar: Law, Science, and Technology in America*. Cambridge: Harvard University Press, 1995.; FARBER, Daniel. "Confronting Uncertainty under NEPA". *Issues in Legal Scholarship*. Vol. 1. Iss. 3, (Balancing the Risks: Managing Technology and Dangerous Climate Change), Article 3, The Berkeley Electronic Press, 2009, p. 4. Disponível em <http://www.bepress.com/ils/vol8/iss3/art3>. Acessado em 22.06.2011; MAYO, Deborah G.; HOLLANDER, Rachelle D. (Eds.). *Acceptable Evidence: Science and Values in Risk Management*. New York: Oxford University Press, 1991.; VERCHICK, Robert R. M.. *Facing Catastrophe: Environmental Action for a Post-Katrina World*. Cambridge: Harvard University Press, 2010.; SUNSTEIN, Cass. "Irreversibility". *Law, Probability and Risk*. v. 9, 3-4, set-dec. London: Oxford University Press, 2010.

[74] FARBER, Daniel. "Confronting Uncertainty under NEPA". *Issues in Legal Scholarship*, p. 22.

[75] FARBER, Daniel. Op. cit., p. 24 e segs.

[76] Ibidem, p. 19.

[77] JASANOFF, Sheila. *Science at the Bar: Law, Science, and Technology in America*. Cambridge: Harvard University Press, 1995.; FARBER, Daniel. "Confronting Uncertainty under NEPA". *Issues in Legal Scholarship*. Vol. 1. Iss. 3, (Balancing the Risks: Managing Technology and Dangerous Climate Change), Article 3, The Berkeley Electronic Press, 2009, p. 4. Disponível em <http://www.bepress.com/ils/vol8/iss3/art3>. Acessado em 22.06.2011.

A dificuldade da humanidade em lidar com riscos de baixa probabilidade, mesmo que estes tenham consequências de grande magnitude, estão ligadas a fatores comportamentais dos seres humanos em sua adaptação evolutiva. Em razão da limitação da capacidade mental e de atenção, os seres humanos não teriam sobrevivido às circunstâncias de perigo caso não tivessem priorizado as situações de alta probabilidade de morte imediata em detrimento das ameaças de baixa probabilidade, mesmo que muito gravosas.[78]

(*iii*) *Prevenção stricto sensu*: como se sabe, este princípio decorre da máxima: "é melhor prevenir do que remediar", sendo esta aplicada a uma lógica ambiental e ao contexto dos desastres em geral, nos seguintes termos "prevenir agressões ambientais em vez de as remediar".[79] A constante irreversibilidade dos danos ambientais ou incapacidade material, tecnológica ou financeira para a recomposição de bens ambientais legitima este Princípio de Direito como verdadeira "palavra de ordem" em Direito Ambiental.

O princípio, portanto, estabelece a prioridade da adoção de medidas preventivo-antecipatórias em detrimento de medidas repressivo-mediadoras,[80] estimulando, ainda, a necessidade de controle dos fatores desencadeadores de desastres.

Como ressonância dessa necessidade, o plenário do CNJ aprovou, no dia 13 do mês de junho de 2012, a *Recomendação nº 40*, texto que "recomenda aos Tribunais de Justiça dos Estados quanto à elaboração de plano de ação para o enfrentamento e solução de situações decorrentes de calamidade e desastres ambientais".[81]

---

[78] Neste sentido, ver: POSNER, Richard A. *Catastrophe: risk and response*. Oxford: Oxford University Press, 2004, p. 9-10.

[79] CANOTILHO, José Joaquim Gomes. *Direito Público do Ambiente: direito constitucional e direito administrativo*. Cadernos do CEDOUA. 1995/1996, p. 39.

[80] Idem, p. 40.

[81] Dentre as situações de emergência e calamidade a serem decretadas pelo poder competente (executivo), a recomendação sugere que os Tribunais Estaduais estejam preparados para o enfrentamento de questões tipicamente relacionadas a desastres tais como: fornecimento de materiais de suporte como veículos, equipamento de comunicação por rádio e coletes identificadores; instituição de equipe profissional especializada (psicólogos, médicos, arquitetos); extensão de regime de plantão de magistrados e funcionários, bem como auxílio entre magistrados de comarcas vizinhas à atingida pela calamidade a fim de que não haja restrição de competência; suspensão de prazos processuais; regulamentação e elaboração de protocolos de apreciação de situações envolvendo questões de propriedade, infância e juventude, direito de família, impossibilidade de identificação e reconhecimento simplificado de corpos. CNJ. Conselho Nacional de Justiça. *Recomendação 40*. Publicada em 13 de junho e 2012. Disponível em: <http://www.cnj.jus.br/tv-plenario/322-sessao-de-julgamento/atos-administrativos-da-presidencia/recomendacoes-do-conselho/19843-recomendacao-n-40-de-13-de-junho-de-2012>. Acesso em agosto de 2012.

A Lei da Política Nacional de Proteção e Defesa Civil (12.608/2012) não deixa dúvidas de que *a prevenção faz parte de uma política de abordagem sistêmica* que deve ser o alicerce de toda teoria e prática antidesastres no País, seja como diretriz e objetivo, seja como componente fundamental das competências[82] a serem desenvolvidas para a gestão dos riscos de desastres. Senão vejamos:

> Art. 3º A PNPDEC abrange as *ações de prevenção*, mitigação, preparação, resposta e recuperação voltadas à proteção e defesa civil. (Grifo nosso)
>
> Art. 4º São diretrizes da PNPDEC
>
> (...)
>
> II – abordagem sistêmica das ações *de prevenção*, mitigação, preparação, resposta e recuperação; (Grifo nosso)
>
> III – prioridade às *ações preventivas* relacionadas à minimização de desastres; (Grifo nosso)
>
> IV – adoção da bacia hidrográfica como unidade de análise das ações de *prevenção* de desastres relacionados a corpos d'água. (Grifo nosso)
>
> (...)
>
> Art. 5º São objetivos da PNPDEC
>
> XIV – orientar as comunidades a adotar comportamentos adequados de *prevenção* e de resposta em situação de desastre e promover a autoproteção. (Grifo nosso)

Apesar da clara opção do texto legislativo pela prevenção, no Brasil, entre 2011 e 2012, gastou-se muito mais em prevenção do que em recuperação. A tabela 1, na página seguinte, demonstra a discrepância entre a prática das políticas públicas (que permanece enfatizando ações de resposta e reconstrução) e o novo marco legal (com nítida ênfase preventiva).[83]

---

[82] Art. 6º Compete à União IV – apoiar os Estados, o Distrito Federal e os Municípios no mapeamento das áreas de risco, nos estudos de identificação de ameaças, suscetibilidades, vulnerabilidades e risco de desastre e *nas demais ações de prevenção*, mitigação, preparação, resposta e recuperação. (*Grifo nosso*).
Art. 7º Compete aos Estados VIII – apoiar, sempre que necessário, os Municípios no levantamento das áreas de risco, na elaboração dos Planos de Contingência de Proteção e Defesa Civil e *na divulgação de protocolos de prevenção* e alerta e de ações emergenciais. (*Grifo nosso*). Art. 8º Compete aos Municípios IX – manter a população informada sobre áreas de risco e ocorrência de eventos extremos, bem como *sobre protocolos de prevenção* e alerta e sobre as ações emergenciais em circunstâncias de desastres. (*Grifo nosso*).

[83] MENEZES, Dyelle; CHAGAS, Paulo Victor. Prevenção de riscos e resposta a desastres diminui gastos em 2012. *Contas Abertas*. Publicado em: 15/05/2012. Disponível em: <http://www.contasabertas.com.br/WebSite/Noticias/DetalheNoticias.aspx?Id=887>. Acesso em: 15/06/2012.

Tabela 1 – Prevenção de Riscos e Respostas a Desastres – 2011 e 2012

Programa		Dotação Atualizada	Despesas Empenhadas	Despesas Executadas	Valores Pagos	RP PAGOS	TOTAL PAGO EM 2012 - ATÉ 30/04	TOTAL DE PR A PAGAR
1027	Prevenção e Preparação para Desastres	139.840.000,00	25.752.831,76	0,00	0,00	22.841.781,23	22.841.781,23	491.352.048,86
1029	Respostas aos Desastres e Reconstrução	337.010.127,00	193.843.079,81	98.592.068,37	91.341.191,56	188.346.617,40	279.687.808,96	555.830.299,71
2040	Gestão de Riscos e Responsabilidade a Desastres	2.498.723.659,00	259.425.918,69	15.019.359,51	14.949.888,17	0,00	14.949.888,17	0,00
Total		2.975.573.786,00	479.021.830,26	113.611.427,88	105.291.079,73	211.188.398,63	317.479.478,36	1.047.182.348,57

Programa		Dotação Atualizada	Despesas Empenhadas	Despesas Executadas	Valores Pagos	RP PAGOS	TOTAL PAGO EM 2011 - ATÉ ABR	TOTAL DE PR A PAGAR
1027	Prevenção e Preparação para Desastres	237.459.479,00	21.838.643,49	238.643,47	223.075,80	16.035.754,22	16.258.830,22	615.370.046,17
1029	Respostas aos Desastres e Reconstrução	600.000.000,00	439.093.897,15	333.840.811,05	302.531.094,45	102.437.099,45	422.968.193,90	835.625.663,54
Total		837.459.479,00	460.932.540,64	334.079.454,52	302.754.170,25	136.472.853,67	439.227.023,92	1.450.995.699,71

Programa		Dotação Atualizada	Despesas Empenhadas	Despesas Executadas	Valores Pagos	RP PAGOS	TOTAL PAGO EM 2012 - ATÉ 30/04	TOTAL DE PR A PAGAR
1027	Prevenção e Preparação para Desastres	-97.619.479,00	3.914.188,27	-238.643,47	-223.075,80	6.806.027,01	6.582.951,21	-124.017.997,31
1029	Respostas aos Desastres e Reconstrução	-262.989.973,00	-245.250.817,34	-235.248.742,68	-211.189.902,89	67.909.517,95	-143.280.384,94	-279.795.353,83
2040	Gestão de Riscos e Responsabilidade a Desastres							
Total							-121.747.545,56	

Fonte: Tabela reproduzida a partir da matéria "Prevenção de riscos e resposta a desastres diminui gastos em 2012". Contas Abertas. Disponível em: <http://www.contasabertas.com.br/website/noticias/arquivos/887_Tabela%201.pdf>.

O ano de 2013 iniciou com grandes chuvas e a decretação de estado de calamidade em diversos Estados brasileiros. Em decorrência, mais investimento em reconstrução. A título exemplificativo, observe-se o caso do município de Duque de Caxias, no Rio de Janeiro, que, em abril de 2013, devido às fortes chuvas que assolaram a região, precisou da destinação de R$ 13,2 milhões. O recurso (apenas a primeira parcela de R$ 4 milhões foi liberada) será utilizado em ações de restabelecimento de serviços essenciais, tais como: acessos viários dentro do município, fornecimento de água para os moradores, desobstrução de rio, entre outros.[84] De acordo com a previsão orçamentária de 2013, R$ 1.911.043.748,00 deverão ser destinados à prevenção e gestão de risco dos desastres. Dentre as principais ações de prevenção estão: "o apoio

---

[84] MINISTÉRIO DA INTEGRAÇÃO NACIONAL. Integração Nacional destina R$ 13,2 milhões para Duque de Caxias, 24.04.2013. Disponível em: <http://www.integracao.gov.br/noticias/-/asset_publisher/xW1t/content/ministerio-da-integracao-nacional-destina-r-13-2-milhoes-para-duque-de-caxias>. Acesso em: 29.04.2013.

a sistemas de drenagem urbana sustentável e manejo de águas pluviais em municípios com população superior a 50 mil habitantes, integrantes de regiões metropolitanas, ou de regiões integradas de desenvolvimento econômico (R$ 1.086.101.173); a execução de intervenções estruturais objetivando a prevenção, mitigação e recuperação ambiental de áreas afetadas pelas enxurradas (com previsão de R$ 1.000.000,00)", dentre outros.[85]

Em distinção ao princípio da precaução, a prevenção "aplica-se a impactos ambientais já conhecidos e dos quais se possa, com segurança, estabelecer um conjunto de nexos de causalidade que seja suficiente para a identificação dos impactos futuros mais prováveis".[86] Assim, este princípio está diretamente ligado à ideia de riscos concretos, que são aqueles passíveis de descrição científica segundo o "estado da arte" da técnica. Sob os auspícios da lógica causal, a aplicação deste princípio decorre da capacidade de análise determinística de riscos ambientais.

O direito dos desastres tem na antecipação aos danos futuros (futuras catástrofes naturais ou não) uma de suas principais funções, sendo os instrumentos processuais, a principiologia e as técnicas (ciência) disponíveis ferramentas importantes para sua interceptação eficaz e eficiente. A inserção do futuro nos processos de tomada de decisão jurídica é fundamental nas reflexões jurídicas acerca dos novos direitos.[87] A assimilação dessa concepção de futuro sempre foi e continua sendo um desafio para o direito em geral, pois as estruturas da dogmática jurídica encontram-se profundamente centralizadas ao horizonte do passado. Esse paradoxo da necessidade (futuro/sociedade de risco x princípio da legalidade, princípio da segurança jurídica etc.)[88] pode ser enfrentado pelo direito dos desastres dada a sua originária e típica abertura ao risco e ao futuro.

(iv) Princípio da Informação: juntamente com a precaução e a prevenção, o princípio da informação forma o que se pode denominar de uma tríade principiológica básica do direito dos desastres. Trata-se da informação acerca dos riscos, perigos e danos ambientais que envolvem aqueles eventos. Esta radicalização democrática da informação técnica exerce uma *desmonopolização* das informações científicas ou técnicas e

---

[85] REPÚBLICA FEDERATIVA DO BRASIL. Ministério do Planejamento, Orçamento e Gestão. Secretaria de Orçamento Federal. Orçamento da União. Exercício Financeiro de 2013. Projeto de lei orçamentária. Volume II. Brasília, 2012, p. 78-79. disponível em: <www.planejamento.gov.br>. Acesso em abril de 2013.

[86] ANTUNES, Paulo de Bessa. *Direito Ambiental*. 8ª ed. Rio de Janeiro: Lumen Juris, 2005, p. 35.

[87] CARVALHO, Délton. Regulação constitucional e risco ambiental. *Revista Brasileira de Direito Constitucional – RBDC*, n. 12, julho/dez 2008, p. 22.

[88] Idem.

decorre, exatamente, das fundações de legitimação democrática do Estado de Direito, tendo sua justificativa substancial na destacada gravidade de um risco ou perigo (hipótese ponderável cientificamente).

Bophal e Chernobyl[89] são exemplos de desastres capazes de demonstrar o quanto a soma da desinformação, o excesso de autoconfiança e o desrespeito aos sinais e probabilidades visualizados (ainda que baixos) podem ser catastróficos. Bhopal levantou muitas questões sobre os limites do que denominou de *"direito de saber"* como uma estratégia de controle do risco em termos de importação de tecnologia perigosa. Isso porque essa catástrofe especificamente revelou um preocupante padrão de ignorância entre os expostos ao risco (trabalhadores e público em geral), e uma indiferença entre aqueles que teriam a obrigação de prestar determinados esclarecimentos (gerentes locais, da empresa-mãe, nos EUA, e funcionários do Estado). Talvez a grande lição de Bhopal tenha sido a de que "o risco de acidentes catastróficos industriais pode ser reduzido somente se o conhecimento estiver combinado com o poder de agir preventivamente".[90] Ademais, a avaliação probabilística do risco e análise de impacto ambiental devem ser ambas pré-requisitos para a localização de instalações perigosas.

Sob o aspecto da informação, relevante destacar, ainda, a criação do sistema de informações e monitoramento de desastres já em funcionamento no Brasil. A integração das informações em um sistema capaz de subsidiar os órgãos do Sistema Nacional de Proteção e Defesa Civil (SINPDEC) na previsão e no controle dos efeitos negativos de eventos adversos sobre a população, os bens e serviços e o meio ambiente é

---

[89] Chernobyl teve características muito semelhantes às de Bophal, à exceção de uma que foi, ironicamente, a causa do acidente. Uma falha durante um teste no sistema de segurança – alimentação do reator – com o objetivo de economizar energia causou uma série de explosões, expondo a população e o ambiente, de forma transfronteiriça, a quantidades absurdas de urânio e grafite. Um dos elementos característicos desse desastre foi a sonegação de informação por um período de tempo muito longo, o suficiente para caracterizá-lo como o maior da história. Sete dias após a explosão, a força radioativa no ar era 100 vezes maior do que a combinação das bombas de Iroshima e Nagasaki, mas para evitar pânico as autoridades decidiram esconder a gravidade da situação, tanto que as primeiras medidas de segurança foram tomadas somente após 30 horas. Nem a sociedade nem as equipes de socorro (os primeiros a chegarem ao local) foram informadas do perigo que estavam correndo, tampouco receberam equipamentos adequados de proteção. As pessoas precisaram deixar tudo o que possuíam para sempre, sem maiores explicações e até então foram expostas a níveis de radiação astronômicos, o que comprometeu inclusive as futuras gerações. Apesar de sentir alguns sintomas estranhos, a população lidava com um inimigo invisível, silencioso e mortal. O esclarecimento imediato (dever das autoridades e direito do cidadão) acerca das reais causas do acidente à população, e a urgente mitigação dos efeitos causados pelos elementos radioativos poderiam ter mudado drasticamente os desfecho desse catastrófico capítulo da história mundial. Desastre nuclear de Chernobyl – documentário. *Discovery Channel*. Disponível em: <http://www.youtube.com/watch?v=CuXtphRYFJw&feature=related>. Acesso em: março de 2012.

[90] JASSANOF, Sheila. The Bophal Disaster and the Right to Know, op. cit, p. 1122.

um dos objetivos da política nacional de proteção e defesa civil.[91] Nos termos da lei, a implantação desse sistema deve ser feita em ambiente informatizado, que atuará por meio de base de dados compartilhada entre os integrantes do SINPDEC, visando ao oferecimento de informações atualizadas para prevenção, mitigação, alerta, resposta e recuperação em situações de desastre em todo o território nacional.[92]

Intrinsecamente ligados à informação estão os princípios da participação e da educação ambiental. Em destaque no artigo 4º-VI, a participação da sociedade civil é uma das diretrizes da Política Nacional de Proteção e Defesa Civil. Na sequência, o mesmo princípio aparece como uma das atribuições a serem desempenhadas pelo Município no exercício de sua competência relativa à gestão de risco dos desastres no âmbito local.[93]

A educação ambiental voltada à prevenção, mitigação e resposta aos desastres também foi uma das opções do legislador ao elencar os objetivos da Política Nacional da Defesa Civil. Nesse sentido, segundo o artigo 20 da Lei 12.608/2012, o artigo 26 da Lei 9.394/1996 (estabelece as diretrizes e bases da educação nacional) passa a vigorar acrescido de um § 7º com a seguinte redação: "os currículos do ensino fundamental e médio devem incluir os princípios da proteção e defesa civil e a educação ambiental de forma integrada aos conteúdos obrigatórios".

(v) *Princípio da Fundamentação*: não obstante o princípio aqui apresentado ser utilizado para orientar decisões administrativas em matéria de risco,[94] este apresenta uma relevância fundamental também na orientação de decisões em processos jurisdicionais,[95] sendo ainda mais relevante sua atenta adoção em decisões judiciais que digam respeito a riscos relacionados aos desastres.

---

[91] Artigo 5º, XV, da Lei 12.608/2012: Integrar informações em sistema capaz de subsidiar os órgãos do SINPDEC na previsão e no controle dos efeitos negativos de eventos adversos sobre a população, os bens e serviços e o meio ambiente.

[92] Artigo 13 da Lei 12.608/2012: Art. 13. Fica autorizada a criação de sistema de informações de monitoramento de desastres, em ambiente informatizado, que atuará por meio de base de dados compartilhada entre os integrantes do SINPDEC visando ao oferecimento de informações atualizadas para prevenção, mitigação, alerta, resposta e recuperação em situações de desastre em todo o território nacional.

[93] Artigo 8º, XV – estimular a *participação* de entidades privadas, associações de voluntários, clubes de serviços, organizações não governamentais e associações de classe e comunitárias nas ações do SINPDEC e promover o treinamento de associações de voluntários para atuação conjunta com as comunidades apoiadas.

[94] GOMES, Carla Amado. "Subsídios para um Quadro Principiológico dos Procedimentos de Avaliação e Gestão do Risco Ambiental". *Revista Jurídica do Urbanismo e do Ambiente*. n. 17, junho, 2002, p. 52.

[95] CANOTILHO, José Joaquim Gomes. *Direito Constitucional e Teoria da Constituição*. 7ª ed. Coimbra: Almedina, 2003, p. 667.

Sua função é importante no gerenciamento administrativo ou judicial dos riscos ambientais, por consistir em pressuposto do próprio Princípio Democrático[96] e dos Princípios da Transparência,[97] da Revisibilidade, da Igualdade de tratamento perante a lei e da Imparcialidade administrativa e jurisdicional. Se com relação a eventos já ocorridos tem-se a inquestionável relevância do Princípio da Fundamentação das Decisões, ainda mais intensa a sua relevância em decisões restritivas de direitos fundadas em prognósticos e que, por esta razão se encontram inseridas, naturalmente, em contextos de incertezas e indeterminações.

A obrigatoriedade de uma fundamentação transparente e imparcial da decisão que impõe medidas preventivas a riscos de desastres consiste em condição para, caso necessário, sejam aprofundados os elementos constituintes destes (probabilidade/magnitude) ou para a própria análise da proporcionalidade das medidas adotadas. Assim, sob o ponto de vista da necessidade de fundamentação nas decisões administrativas para controle dos riscos ambientais, pode ser dito que: "o facto de a realidade dada poder revelar-se insuficiente para justificar a decisão é suplantado pela força da realidade construída pela Administração na sua tarefa ponderativa. Quanto maior for a incerteza, maior o cuidado que a entidade decisora deverá colocar na explanação do percurso ponderativo que a levou a adotar tal medida".[98]

No mesmo sentido, a motivação das decisões judiciais se radica em três razões fundamentais: (*i*) controle da administração da justiça; (*ii*) exclusão do caráter voluntarístico e subjetivo do exercício da atividade jurisdicional e abertura do conhecimento da racionalidade e coerência argumentativa dos juízes; (*iii*) melhor estruturação dos eventuais recursos, permitindo às partes em juízo um recorte mais preciso e rigoroso dos vícios e conteúdos argumentativos das decisões recorridas.[99]

Finalmente, este princípio evidencia a necessidade de demonstrações descritivas das próprias dúvidas científicas, dos padrões de detectabilidade, das metodologias aplicadas e suas variáveis, devendo ser

---

[96] Sobre o princípio democrático ver: CANOTILHO, José Joaquim Gomes. *Direito Constitucional e Teoria da Constituição*, p. 287 e segs.

[97] Neste sentido, observa Antônio Herman V. Benjamin, que nos modelos constitucionais de Direito Ambiental "desenha-se uma clara opção por processos decisórios abertos, transparentes, bem-informados e democráticos, estruturados em torno de um devido processo ambiental (= *due process* ambiental)". (BENJAMIN, Antônio Herman V. "Constitucionalização do Ambiente e Ecologização da Constituição Brasileira". In: CANOTILHO, José Joaquim Gomes; LEITE, José Rubens Morato (orgs.) *Direito Constitucional Ambiental Brasileiro*. São Paulo: Saraiva, 2007, p. 67).

[98] GOMES, Carla Amado. "Subsídios para um Quadro Principiológico dos Procedimentos de Avaliação e Gestão do Risco Ambiental", p. 52.

[99] CANOTILHO, José Joaquim Gomes. *Direito Constitucional e Teoria da Constituição*, p. 667.

estas trazidas na fundamentação da decisão a fim de fornecer a possibilidade de aprofundamento e até mesmo a sua revisão.

(*vi*) *Princípio da Provisoriedade das Decisões ou da Adaptabilidade:* a constatação epistemológica de que o futuro é incerto exige dos processos de gerenciamento dos riscos ambientais a capacidade de adaptação contínua das decisões precaucionais.

Numa dimensão temporal, a decisão tomada no presente apenas poderá representar o futuro por meio do modo da probabilidade e da improbabilidade, havendo assim uma *previsão provisória*, cujo valor não está na segurança que esta decisão outorga, mas na rapidez e especificidade da adaptação a uma realidade (que pode ser distinta daquela esperada ou desejada previamente).[100]

Por esta razão, as medidas preventivas devem ter um caráter provisório na pendência de dados científicos mais aprofundados, devendo ser periodicamente objeto de reexame de modo a ter em conta os novos dados científicos disponíveis.[101] Como princípio específico à gestão de risco, o presente princípio, também denominado princípio da adaptabilidade, prevê que as circunstâncias de incerteza que circundam a decisão podem justificar a introdução de mecanismos de "moldabilidade a novos dados", impondo um "contínuo dinamismo".[102]

1.6. Fatores de ampliação dos riscos e dos custos dos desastres na sociedade contemporânea

Nas últimas décadas, tem havido um aumento tanto nos riscos como nos custos que envolvem os desastres ambientais, especialmente dos chamados *naturais*, em razão de alguns fatores determinantes para a amplificação da sua ocorrência e magnitude. Tais fatores de potencialização dos riscos e dos custos socioambientais dos desastres consistem (*i*) nas condições econômicas modernas; (*ii*) no crescimento populacional e tendência demográfica; (*iii*) decisões acerca da ocupação do solo; (*iv*) infraestrutura verde e construída; (*v*) mudanças climáticas.[103]

---

[100] LUHMANN, Niklas. *Observaciones de la Modernidad: racionalidad y contingência em la sociedad moderna*. Barcelona: Paiadós, 1997, p. 131-132.

[101] Comissão das Comunidades Européias. *Comunicação da Comissão relativa ao Princípio da Precaução*. Bruxelas, 02.02.2000. COM (2000)1, p. 21.

[102] GOMES, Carla Amado. "Subsídios para um Quadro Principiológico dos Procedimentos de Avaliação e Gestão do Risco Ambiental", p. 52-53.

[103] FARBER, Daniel *et al. Disaster Law and Policy*, p. 09-73.

1.6.1. Condições econômicas modernas

No que diz respeito às condições econômicas modernas, os desastres tendem a ocorrer ou serem potencializados em razão da matriz econômica *just-in-time* e da interdependência de infraestrutura, características à Sociedade Moderna.[104] A evolução econômica centrada na predominância desta matriz de cadeia de fornecimento de produtos tem por princípio *a produção industrial por demanda*, o que elimina os estoques de produtos que poderiam minimizar o efeito relacionado à interrupção nas cadeias de fornecimento de bens, produtos e serviços básicos, essenciais em situações de catástrofes.

Da mesma forma, a interconectividade do sistema econômico industrial tende a proporcionar situações em que o colapso na produção de uma indústria tenha repercussão numa série de outras empresas interdependentes. Assim, por exemplo, a falta de abastecimento no fornecimento de energia, comum em eventos catastróficos, terá como consequência imediata o comprometimento de setores essenciais ao atendimento emergencial de desastres, tais como hospitais, abastecimento e conservação de produtos de alimentação, indústria, comércio, transporte, e muitos outros.

1.6.2. O crescimento populacional, a tendência demográfica e as decisões acerca da ocupação do solo

Os riscos de desastres são "altamente concentrados geograficamente", em decorrência do crescimento populacional global e de uma tendência de concentração populacional em áreas particularmente vulneráveis a desastres naturais. A característica destes desastres é marcada pela ocorrência de eventos que, apesar de pontuais, apresentam uma crescente magnitude em razão de sua ocorrência em áreas com grandes concentrações populacionais e bens econômicos vulneráveis.[105]

As decisões de ocupação do solo também consistem em fatores de incremento dos riscos e custos decorrentes dos desastres. A ocupação de áreas de risco é um fator determinante para a ocorrência ou o agravamento de um evento à condição de desastre. É a partir da ocupação de áreas especialmente vulneráveis que se tem uma intensificação das probabilidades e magnitudes de riscos de inundações, deslizamentos,

---

[104] FARBER, Daniel *et al. Disaster Law and Policy*, p. 10-11.

[105] UNITED NATIONS INTERNATIONAL STRATEGY FOR DISASTER REDUCTION SECRETARIAT (UNISDR). *Global Assessment Report on Disaster Risk Reduction. Chapter 1. The Global Challenge: Disaster Risk, Poverty, and Climate Change*. Geneva/Switzerland: United Nations, p. 6.

terremotos, incêndios, entre outros. Este fator de agravamento de riscos catastróficos é especialmente relevante no caso brasileiro, uma vez que os desastres ambientais, cada vez mais constantes no país, apresentam relação direta com a ocupação irregular de áreas de preservação permanente – APP (vegetação em topo e encostas de morros, nas margens de rios, lagos e lagoas artificiais etc.). Neste sentido, os deslizamentos ocorridos no vale do rio Itajaí em 2008 e na zona serrana do Rio de Janeiro em 2011 têm ligação importante, porém não exclusiva, com o estado de conservação da vegetação natural nos topos de morros, nas encostas e mesmo nos sopés.[106] Estas áreas atuam como "infraestruturas verdes" de proteção às catástrofes (como veremos a seguir), sendo a sua ocupação irregular um dos principais fatores de ocorrência e potencialização de desastres naturais no Brasil.[107] Tais decisões (no sentido de se viver em localidades de risco) são marcadas não apenas pela vulnerabilidade social de determinadas comunidades,[108] mas também estão delineadas pela ordenação local do solo (medidas não estrutu-

---

[106] SILVA, J. A. A. (coord.). *O Código Florestal e a Ciência: Contribuições para o Diálogo*. São Paulo: Sociedade Brasileira para o Progresso da Ciência – SBPC; Academia Brasileira de Ciências – ABC. 2011, p. 69. Segundo trecho que merece destaque do estudo: O presente estudo demonstra que se a faixa de 30 metros em cada margem (60 metros no total) considerada Área de Preservação Permanente ao longo dos cursos d'água estivesse livre para a passagem da água, bem como, se as *áreas com elevada inclinação e os topos de morros, montes, montanhas e serras estivessem livres da ocupação e intervenções inadequadas*, como determina o Código Florestal, os efeitos da chuva teriam sido significativamente menores, tanto em suas consequências ambientais, quanto econômicas e sociais. (...) (grifei).

[107] Este fator de intensificação dos desastres foi objeto de recente decisão do Superior Tribunal de Justiça – STJ: "PROCESSUAL CIVIL, ADMINISTRATIVO, AMBIENTAL E URBANÍSTICO. LOTEAMENTO CITY LAPA. AÇÃO CIVIL PÚBLICA. AÇÃO DE NUNCIAÇÃO DE OBRA NOVA. RESTRIÇÕES URBANÍSTICO-AMBIENTAIS CONVENCIONAIS ESTABELECIDAS PELO LOTEADOR. ESTIPULAÇÃO CONTRATUAL EM FAVOR DE TERCEIRO, DE NATUREZA *PROPTER REM*. DESCUMPRIMENTO. PRÉDIO DE NOVE ANDARES, EM ÁREA ONDE SÓ SE ADMITEM RESIDÊNCIAS UNI FAMILIARES. PEDIDO DE DEMOLIÇÃO. VÍCIO DE LEGALIDADE E DE LEGITIMIDADE DO ALVARÁ. *IUS VARIANDI* ATRIBUÍDO AO MUNICÍPIO. INCIDÊNCIA DO PRINCÍPIO DA NÃO-REGRESSÃO (OU DA PROIBIÇÃO DE RETROCESSO) URBANÍSTICO-AMBIENTAL. VIOLAÇÃO AO ART. 26, VII, DA LEI 6.766/79 (LEI LEHMANN), AO ART. 572 DO CÓDIGO CIVIL DE 1916 (ART. 1.299 DO CÓDIGO CIVIL DE 2002) E À LEGISLAÇÃO MUNICIPAL. ART. 334, I, DO CÓDIGO DE PROCESSO CIVIL.VOTO-MÉRITO. 1. As restrições urbanístico-ambientais convencionais, historicamente de pouco uso ou respeito no caos das cidades brasileiras, estão em ascensão, entre nós e no Direito Comparado, como veículo de estímulo a um novo consensualismo solidarista, coletivo e intergeracional, tendo por objetivo primário garantir às gerações presentes e futuras espaços de convivência urbana marcados pela qualidade de vida, valor estético, áreas verdes e proteção contra *desastres naturais*. (...) 3. O interesse público nas restrições urbanístico-ambientais em loteamentos decorre do conteúdo dos ônus enumerados, mas igualmente do licenciamento do empreendimento pela própria Administração e da extensão de seus efeitos, que iluminam simultaneamente os vizinhos internos (= coletividade menor) e os externos (= coletividade maior), de hoje como do amanhã. (...) Recurso Especial não provido". (REsp 302906/SP, Rel. Min. Herman Benjamin, Segunda Turma, j. 26/08/2010, DJe 01/12/2010) (grifos nossos).

[108] UNITED NATIONS INTERNATIONAL STRATEGY FOR DISASTER REDUCTION SECRETARIAT (UNISDR). *Global Assessment Report on Disaster Risk Reduction*. Chapter 1. The Global Challenge: Disaster Risk, Poverty, and Climate Change.

rais), sendo estas altamente influenciadas, no contexto brasileiro, pela gestão pública municipal.[109]

1.6.3. Infraestrutura verde e construída

A importância da *infraestrutura verde* ou natural,[110] como elemento de proteção a desastres, se dá em razão dos serviços prestados pelos recursos naturais, justificando uma atenta manutenção e monitoramento destes bens. O sentido atribuído à infraestrutura verde é constituído em distinção àquilo que tradicionalmente chamamos de infraestrutura (cinza ou construída), tendo como exemplo as barragens, os diques, as estradas, entre outras obras de engenharia civil. A infraestrutura natural, por sua vez, tem como espécies as áreas alagadas, as florestas, os marismas, as dunas, as restingas, entre outros ecossistemas capazes de atuar como proteção a desastres naturais. Estes podem ajudar a lidar com os desastres em duas formas. Primeiro, atuando como um bloqueio natural aos impactos de um desastre, diminuindo ou desviando as forças da

---

[109] A competência municipal para ordenação do solo urbano é proveniente do próprio texto Constitucional, uma vez que o art. 30, VIII, prevê ser de competência do município "promover, no que couber, adequado ordenamento territorial, mediante planejamento e controle do uso, do parcelamento e da ocupação do solo urbano".

[110] A proteção dessa espécie de infraestrutura já foi objeto de ação judicial nos EUA. No caso conhecido como *Barasich v. Columbia Gulf Transmission Company,* um grupo de moradores do sudeste do estado da *Luisiana* ajuizou uma ação indenizatória contra as maiores companhias de petróleo e gás natural instaladas na região. Segundo a argumentação dos autores, as atividades das mencionadas empresas seriam responsáveis pela destruição de zonas úmidas (pântanos), típicas infraestruturas verdes de proteção da região, o que teria tornado a área mais vulnerável à violência de eventos extremos como, por exemplo, foi o caso do furacão Katrina. Os danos às infraestruturas naturais seriam resultantes de décadas de canalizações e dutos realizados de forma irracional e sem preocupação com a erosão previsível. Apesar de ser julgada improcedente, a ação pode ser considerada um *case* interessante para o tribunal. Segundo o tribunal, à luz da legislação do estado da *Luisiana,* as partes estavam tão longe em "tempo e espaço" que o estabelecimento de um nexo causal acabou por ser atenuado. Se por um lado essa foi uma decisão desfavorável para os que advogam em favor da proteção dos serviços ambientais, importante salientar, entretanto, que ao se referir à impossibilidade de configuração do nexo de causalidade o tribunal se referiu a uma especificidade do código do referido estado, segundo o qual essa espécie de reivindicação só é possível quando envolve propriedades geograficamente próximas. Esse não é, todavia, o entendimento doutrinário em termos gerais da *common law*. No caso em tela, as alegações e a busca de demonstração do nexo de causalidade foram feitas de forma genérica e probatóriamente fraca. Não houve a demonstração de conduta, dano e nexo de causalidade de uma ou outra empresa em particular. Em vez disso, o pedido da ação pretendia agregar a conduta de todos os réus e dividir entre eles a responsabilidade pelo dano combinado. A Luisiana não reconhece a denominada causalidade de grupo, diferentemente de outros estados americanos, que a consideram possível especialmente em casos envolvendo danos ambientais. Por essa razão, decidiu de forma semelhante ao que no Brasil se conhece *por teoria da causalidade adequada,* no sentido de que somente os danos direta e imediatamente vinculados ao ato ou a omissão antijurídicos praticados pela parte que deu causa a eles podem ser objeto de responsabilização. Muito provavelmente, se a mesma ação fosse proposta em outra unidade da federação, desde que melhor caracterizada em termos de nexo de causalidade, teria uma resposta diferente da justiça. VERCHICK, Robert R. M.. *Facing Catastrophe: Environmental Action for a Post-Katrina World,* op. cit, p. 91-93.

natureza da direção das comunidades humanas. Ainda, após os impactos, esta servirá novamente para prover bens e serviços de fundamental importância para a recuperação econômica e física do local atingido.[111]

Sob esta perspectiva, a observação do meio ambiente como infraestrutura verde demonstra não apenas sua condição de *bem* ambiental, mas também de *serviços* ecossistêmicos,[112] o que encoraja a uma maior valorização no monitoramento, manutenção e recuperação destas áreas. Tais infraestruturas têm um enorme potencial para a proteção das comunidades humanas de inundações, terremotos, tempestades, furacões, fogos, deslizamentos, entre outras catástrofes.[113] A exemplo da infraestrutura natural, aquelas construídas pelo homem também apresentam uma relevância essencial de serviço e função pública de proteção a desastres. Nesta espécie, que adota uma perspectiva mais tradicional, destaca-se a importância da qualidade da concepção, da construção e, sobretudo, da manutenção destas obras de engenharia civil.[114] Contudo, em virtude da grande dificuldade de quantificação exata destes serviços, bem como da indeterminação dos beneficiários dos serviços ambientais, há grande dificuldade de atribuição de instrumentos de financiamento para manutenção econômica sustentável destas áreas, consistindo este num importante desafio à manutenção das estruturas naturais.

1.6.4. Mudanças climáticas

As mudanças climáticas podem ser tratadas como um fator global e transversal a todos os demais fatores na amplificação dos riscos dos custos envolvendo a ocorrência de desastres naturais e mistos, principalmente em razão do aumento na ocorrência de eventos climáticos extremos por este fenômeno global.[115] As mudanças climáticas irão, indubitavelmente, aumentar a conexão entre as questões envolvendo desastres e o meio ambiente, numa intensificação das relações entre a regulação dos desas-

---

[111] VERCHICK, Robert R. M.. *Facing Catastrophe: Environmental Action for a Post-Katrina World*. Cambridge: Harvard University Press, 2010, p. 25-42.

[112] Para Keith H. Hirokawa "'serviços ecossistêmicos' referem-se a uma ampla gama de condições e processos, através dos quais os ecossistemas naturais e as suas espécies ajudam a sustentar e preencher a vida humana". (Tradução Livre). (HIROKAWA, Keith H. "Disasters and Ecosystem Services Deprivation: From Cuyahoga to the Deepwater Horizon". *Albany Law Review*. v. 48, n° 1, 2011.)

[113] Acerca das características da infraestrutura natural e sua importância na mitigação aos desastres naturais, ver: VERCHICK, Robert R. M. *Facing Catastrophe: Environmental Action for a Post--Katrina World*. Cambridge: Harvard University Press, 2010, p. 11-24.

[114] FARBER, Daniel *et al. Disaster Law and Policy*, p. 63-71.

[115] Conforme Painel Intergovernamental de Mudanças Climáticas – IPCC. *Climate Change 2007: Synthesis Report*. p. 36-37. Disponível em <http://www.ipcc.ch/>, acesso em 23.11.09.

tres e o Direito Ambiental.[116] Neste sentido, estudos científicos começam a traçar uma demonstração acerca das complexas relações causais existentes entre o aquecimento da temperatura do planeta e a intensificação de chuvas. Apesar da impossibilidade de se quantificar o tamanho desta influência, estudos promovidos pelo *Climate Resarch Division* do Canadá e pela *School of GeoSciences* da Universidade de Edinburgh no Reino Unido são capazes de demonstrar a influência antropogênica nas transformações nas precipitações ocorridas no Hemisfério Norte. Desta forma, o aumento da intensidade das chuvas nas décadas finais do século XX no Hemisfério Norte (entre 1951 e 1999) não pode ser explicado sem que se tome em consideração as emissões de gases do efeito estufa.[117]

A emissão desses gases produzidos, em parte pela indústria moderna, causa o aquecimento da Terra, com consequências potencialmente devastadoras para o futuro".[118] Um dos mais respeitados precursores dessa afirmação na atualidade é o Painel Intergovernamental sobre Mudança do Clima – IPCC[119] (*Intergovernmental Panel on Climate Change*) – que reúne cientistas do mundo todo e apresenta relatórios (mais ou menos de cinco em cinco anos) demonstrando os prognósticos e a evolução da gravidade climática mundial. Dentre os riscos diagnosticados pelo último relatório estão (*i*) a possibilidade de extinção de espécies; (*ii*) a intensificação de processos de erosão e das enchentes em zonas costeiras, o que terá o efeito de aumentar ainda mais a pressão sobre as zonas costeiras, áreas dotadas de grande vulnerabilidade ambiental; (*iii*) aumento da vulnerabilidade de indústrias e acúmulos populacionais situados em planícies costeiras ou áreas alagadas, ainda mais quando estas dependerem de recursos sensíveis às alterações climáticas; (*iv*) a possibilidade da saúde de milhões de pessoas vir a ser afetada por oscilações e eventos climáticos extremos; (v) na oscilação descendente da produtividade agrícola, em decorrência das mudanças climáticas.[120]

A Secretaria Nacional de Defesa Civil Brasileira publicizou, em fevereiro de 2012, que nos últimos cinco anos (entre 2007 e 2011) um

---

[116] FARBER, Daniel. "Symposium Introduction: Navigating the Intersection of Environmental Law and Disaster Law". Disponível em http://lawreview.byu.edu/articles/1325732020_01Farber.FIN.pdf. Acesso em 11.01.2012.

[117] MIN, Seung-Ki; ZHANG, Xuebin; ZWIERS, Francis W; HEGERL, Gabriele C. "Letter: Human contribution to more-intense precipitation extremes". *Nature*. n° 378, v. 470, fev., 2011, p. 1-4.

[118] GUIDDENS, Anthony. *The Politics of Climate Change*. Cambridge: Polity Press, 2009, p. 1.

[119] LAVRATTI, Paula. PRESTES, Vanêsca B. Direito e mudanças climáticas [recurso eletrônico]: Estudos Acadêmicos. São Paulo: Instituto *O Direito por um Planeta Verde*, 2010. 139 p. O IPCC foi criado na década de 80, como reflexo da preocupação mundial e representa o crescimento dos esforços da comunidade internacional em prol da mitigação do aquecimento global.

[120] Painel Intergovernamental de Mudanças Climáticas – IPCC. *Climate Change 2007: Synthesis Report*, p. 48. Disponível em <http://www.ipcc.ch/>, acesso em 23.11.09

município brasileiro decretou situação de emergência ou estado de calamidade pública a cada cinco horas. Foram publicados 8.442 portarias no "Diário Oficial da União", que somadas aos 729 decretos publicados em 2012, superam a marca de 9.000 portarias, com a média de 4,8 decretos por dia. Dessa realidade, a maioria avassaladora está relacionada a eventos climatológicos extremos. Apesar dos danos causados pelas chuvas, enchentes, enxurradas, alagamentos e deslizamentos nos últimos anos, esses não são os únicos motivos dos decretos recorrentes no País. As estiagens configuram a maior causa dos decretos e portarias (3.526). As enxurradas vêm em seguida, com 2.335 decretos. Enchentes (1.199), vendavais (405) e seca (383) completam a lista dos principais problemas.[121] A tabela 2, ilustra essa realidade por Estado Brasileiro. Pelo que se pode observar, os Estados do Rio Grande do Sul e Santa Catarina lideram esse *ranking*.[122]

Tabela 2 – Decretos de situação de emergência ou estado de calamidade por estado brasileiro

Quantidade de Decretos por Estado (2007-2011)	
ACRE – 3	PARAÍBA – 637
ALAGOAS – 258	PARANÁ – 175
AMAPÁ – 4	PERNAMBUCO – 569
AMAZONAS – 117	PIAUÍ – 428
BAHIA – 647	RIO DE JANEIRO – 167
CEARÁ – 648	RIO GRANDE DO NORTE – 334
DISTRITO FEDERAL – 1	RIO GRANDE DO SUL – 1.300
ESPÍRITO SANTO – 161	RONDÔNIA – 5
GOIÁS – 25	RORAIM0A – 46
MARANHÃO – 177	SANTA CATARINA – 1.232
MATO GROSSO DO SUL – 81	SÃO PAULO – 210
MATO GROSSO – 103	SERGIPE – 60
MINAS GERAIS – 897	TOCANTINS – 64
PARÁ – 85	
TOTAL: 8442	

---

[121] Os Estados da região Sul que dominam a lista dos municípios que decretaram emergência ou calamidade pública. No Rio Grande do Sul, por exemplo, foram 1.300 decretos entre 2007 e 2011. Em Santa Catarina foram 1.232. Apenas neste ano, mais de 341 municípios decretaram estágio de emergência no Rio Grande Sul, todos pela estiagem. No Sul há uma peculiaridade climática, já que as situações excepcionais variam entre enchentes, estiagens, vendavais e até geadas. MADEIRO, Carlos. A cada cinco horas, Brasil ganha um novo município em emergência ou calamidade pública. *Folha de São Paulo – on line*. 26.02.2012. Disponível em: <http://noticias.uol.com.br/cotidiano/ultimas-noticias/2012/02/26/a-cada-cinco-horas-brasil-ganha-um-novo-municipio-em-emergencia-ou-calamidade-publica.htm>. Acesso em 26 de fevereiro de 2012.

[122] Tabela elaborada a partir dos dados disponibilizados pela matéria: A cada cinco horas, Brasil ganha um novo município em emergência ou calamidade pública. *Folha de São Paulo – on line*. 26.02.2012. Disponível em: <http://noticias.uol.com.br/cotidiano/ultimas-noticias/2012/02/26/a-cada-cinco-horas-brasil-ganha-um-novo-municipio-em-emergencia-ou-calamidade-publica.htm>. Acesso em 26 de fevereiro de 2012.

No Brasil, a relação desastre e evento climatológico pode ser observada, ainda, em números. A tabela 3, elenca os 10 maiores desastres ocorridos no país no período de 1900 a 2012. Segundo os dados disponibilizados pelo *Centre for Research on the Epidemiology of Disaster*,[123] os eventos com maior número de afetados, mortos e sérios prejuízos econômicos foram associados a instabilidades atmosféricas severas que, por sua vez, influenciaram o desencadeamento de inundações, vendavais, tornados, granizos e escorregamentos.

Tabela 3 – Os 10 maiores desastres ocorridos no Brasil no período 1900-2012 – ordenados por evento, número de mortos, afetados e danos materiais.

Evento	Tipo de manifestação	Nº eventos	Mortos	Total afetados	Danos financeiros (US$)
Seca	Seca	16	20	47.812.000	4.723.100
Terremoto (atividade sísmica)	Terremoto	2	2	23.286	5.000
Epidemia	Não especificado	2	303	235	-
	Por bactéria	5	1696	45.893	-
	Por vírus	9	218	1.936.248	-
Temperaturas extremas	Onda de frio	5	154	600	1.075.000
	Onda de calor	3	201	-	-
Inundação	Não especificada	51	4.016	8.155.931	2.887.814
	Enchente	7	591	245.331	175.770
	Inundação geral	57	3.027	12.716.494	5.186.170
Infestação por insetos	Não especificado	1	-	2.000	-
Movimento de massa úmida	Desmoronamento	23	1.656	4.237.484	86.027
Tempestade	Não especificada	7	277	50.076	-
	Ciclone extra tropical	1	3	1.600	-
	Tempestade local	8	66	11.356	91.000
	Ciclone tropical	1	4	150.060	350.000
Incêndio	Floresta	1	-	-	-
	Fogo em pastagens	2	1	12.000	3.6000

Fonte: Centre for research on the epidemiology of disaster: International Disaster Database EM-DAT. Université catholique de Louvain – Brussels, Belgium. Sedec, 2007-2011.

Em que pese as evidências acima apresentadas, o tema das mudanças climáticas expõe uma relação paradoxal.[124] Não importa quanto se fale ou até se saiba sobre seu poder ameaçador, enfrentá-la é muito

---

[123] Centre for research on the epidemiology of disaster: *International Disaster Database* EM-DAT. Université catholique de Louvain – Brussels, Belgium. Created on: Jul-24-2012. Data version: 12.07. Disponível em: <http://www.emdat.be/result-country-profile>. Acesso em agosto de 2012.

[124] GUIDDENS, Anthony. *The Politics of Climate Change*, op. cit.., p. 2.

difícil, pois ela não é um número preciso e, por isso soa como algo irreal, intangível ou invisível no curso da vida das pessoas. Outro entrave substancioso no processo de assimilação das mudanças climáticas é a inútil busca humana por certeza e sua aversão ao desafio apresentado pelas probabilidades e possibilidades. Esses termos, bastante comuns entre os cientistas estudiosos da mudança climática, acabam gerando no ser humano uma espécie de dúvida ou lacuna acerca do conhecimento científico adquirido que é, por natureza, mutável.

Apesar de o estado de conhecimento atual sugerir que a longo prazo os impactos apontados pelo IPPCC são plausíveis, e de não ser possível qualificar a probabilidade e a magnitude de cada um dos seus potenciais efeitos, especialmente em nível regional e local, a comunidade internacional tem reconhecido que o princípio da precaução deve ser invocado diante da profunda incerteza científica e baixa probabilidade, porém alta magnitude dos efeitos da mudança climática.[125] Os efeitos do fenômeno podem ser múltiplos, manifestando-se tanto de maneira gradual e linear, quanto de forma não linear e singular, sendo essas últimas as mais comuns.[126] Nesse sentido, a pendência de novas informações científicas acerca da avaliação dos riscos e o "conhecimento pobre" acerca das reais probabilidades não devem ser justificativas para a espera. A desconsideração ou omissão diante dos efeitos da mudança no clima torna a sociedade menos preparada para possíveis surpresas e potenciais desastres.

A complexidade acerca deste e outros fatores de amplificação dos riscos de desastres (condições econômicas modernas; no crescimento populacional e tendência demográfica; decisões acerca da ocupação do solo; infraestrutura verde e construída) é potencializada por dois fatores transversais, comuns e subjacentes à maioria dos desastres, quais sejam, a vulnerabilidade e a resiliência.

1.7. Fatores transversais intrínsecos aos desastres

Dado o caráter multifacetado de sua formação, um desastre poderá ser considerado mais ou menos grave em função de dois fatores: grau de vulnerabilidade da comunidade impactada e a capacidade que a mesma tenha de recompor-se, rapidamente, ao estado original após

---

[125] SLUIJS, Jeroen van der; TURKENBURG, Wim. "Climate Change and the precautionary principle". In: FISHER, Elizabeth; JONES, Judith; SCHOMBERG, René Von. *Implementing the Precautionary Principle: perspectives and prospects.* Cheltenham: Edward Elgar, 2006, p. 245-269.

[126] Idem, p. 248.

um evento catastrófico. A compreensão dos conceitos de vulnerabilidade e resiliência, bem como o que os diferencia, é importante para os processos de configuração e quantificação de riscos e danos socioambientais típicos de um cenário de desastre. Os conceitos e as inter-relações desses fatores intrínsecos à relação risco e desastre (naturais, industriais ou híbridos) serão vistos na sequência.

1.7.1. Vulnerabilidade

Uma das definições mais conhecidas de vulnerabilidade é a elaborada pelo *International Strategy for Disaster Reduction* (UN/ISDR), segundo a qual[127] "vulnerabilidade são as condições estabelecidas por fatores ou processos físicos, sociais, econômicos e ambientais, que aumentam a suscetibilidade de uma comunidade ao impacto dos riscos e perigos". O *United Nations Development Programme* (UNDP), por sua vez, compreende vulnerabilidade como "a condição humana ou processo resultante de fatores físicos, sociais, econômicos e ambientais, que determinam a probabilidade e escala de danos causados pelo impacto de um determinado risco".[128] Enquanto a definição de vulnerabilidade utilizada pelo ISDR engloba várias condições que têm impacto sobre a suscetibilidade de uma comunidade, a definição UNDP a compreende como uma condição humana ou processo.

São muitas as tentativas teóricas de sistematização de modelos acerca da vulnerabilidade. Entretanto, entender e alcançar o termo nas diversas abordagens científicas existentes é um empreendimento que não pode ser realizado sem se considerar, simultaneamente, o conceito de risco.[129] Não por outra razão, boa parte dos estudos[130] que abordam o termo vulnerabilidade o vislumbram como um lado interno do risco,

---

[127] UN/ISDR (International Strategy for Disaster Reduction). *Living with Risk*: a Global Review of Disaster Reduction Initiatives, Geneva: UN Publications, 2004.

[128] United Nations Development Programme (UNDP) (2004) *Reducing Disaster Risk*: A Challenge for Development. A Global Report, New York: UNDP – Bureau for Crisis Prevention and Recovery (BRCP), p. 11. Disponível em: <http://www.undp.org/bcpr/disred/rdr.htm>. Acesso em agosto de 2011. Acerca da vulnerabilidade e desigualdade envolvendo os desastres ver: CUTTER, Susan L. *Hazards, Vulnerability and Environmental Justice*. London: Earthscan, 2006. "Disaster Law and Inequality". *Law and Inequality*. v. 25, n. 2, 2007, p. 1-19.

[129] Acerca do conceito de risco: LUHMANN, Niklas. *Sociologia del Riesgo*. México: Universidade Iberoamericana–Universidad de Guadalajara, 1992.

[130] BIRKMANN, Jorn. *Measuring vulnerability to promote disaster-resilient societies: conceptual Frameworks and definitions*, Nova Deli, 2006, p. 8. No mesmo sentido: WORLD Conference on Disaster Reduction. Hyogo Framework for Action 2005-2015: International Strategy for Disaster Reduction International Strategy for Disaster Reduction. Building the Resilienceof Nations and Communities to Disasters. Disponível em: <www.unisdr.org/wcdr>. Acesso em: 11 out. 2011, p. 1-25. QUARANTELLI, Enrico. L. *et al.* The Caracteristics of Catastrophes and their social evolituion: an

como um conceito intrinsecamente ligado a um sistema ou elemento de risco. Nesse caso, as condições do elemento, comunidade ou sistema exposto (suscetível) ao risco são vistos como características fundamentais da vulnerabilidade.

Sob essa ótica, importante ressaltar que a probabilidade de ocorrência de um desastre e sua consequente magnitude variam de acordo com as condições do ambiente impactado. Por exemplo: um furacão de categoria 5 (cinco) terá um impacto diverso em diferentes comunidades, dependendo do grau de vulnerabilidade (suscetibilidade a determinados riscos) das mesmas. Embora a probabilidade de ocorrência e a magnitude do risco físico sejam semelhantes, o dano e a destruição vão variar de um local para outro, sendo muito menos graves em regiões onde as construções forem bem estruturadas e planejadas para o enfrentamento de determinados riscos, onde houver a preservação das estruturas verdes, onde a população não estiver exposta a locais impróprios para moradia, onde o solo não for utilizado de maneira irregular etc.[131] Assim, comunidades ou sistemas se tornam mais ou menos vulneráveis a um desastre dependendo da sua capacidade de enfrentamento e assimilação imediata de um grande impacto.[132] Vulnerabilidade e capacidade de enfrentamento também podem ser consideradas duas faces de um mesmo processo em um contexto de desastre.[133]

Apesar da inexistência de uma única abordagem ou definição primordial do termo, há consenso no sentido de que no contexto de ris-

---

exploratory analysis of implications for crisis policies and emergency management procedures. University of Delaware. Disaster Research Center, Working Paper 90, p. 1-33, 2008.

[131] QUARANTELLI, Enrico. L. et al. The Caracteristics of Catastrophes and their social evolituion: an exploratory analysis of implications for crisis policies and emergency management procedures. University of Delaware. *Disaster Research Center*, Working Paper 90, p. 1-33, 2008.

[132] Cannon vê os desastres como o resultado "da negligência ou da resposta inapropriada dos sistemas sociais". "A causalidade de um desastre só pode ser compreendida através das formas pelas quais os sistemas sociais geram desigualdades e expõem a riscos certos indivíduos ou grupos, o que faz com que essas pessoas se tornem mais suscetíveis a determinados riscos e perigos do que outras". CANNON, Terry. Vulnerability Analysis and the Explanations of "Natural Disasters". In: VARLEY, Ann. *Disasters and Environment*. England: Jonh Willey & Sons, 1994, p.13-30.

[133] Além da relação com o conceito de risco e capacidade de enfrentamento, o termo vulnerabilidade aparece frequentemente ligado à noção de capacidade econômica ou desigualdade. O relatório da ONU – *Millennium Development Goals Report* demonstra que o risco de morte ou invalidez e as perdas econômicas devido a desastres naturais estão aumentando globalmente, concentrados, principalmente, nos países mais pobres. Segundo o mesmo documento, estima-se que 97% do risco global de mortalidade em decorrência dos desastres naturais é enfrentado pelas populações de baixa renda. De forma semelhante, Daniel Farber analisa a vulnerabilidade a partir da estreita relação entre desastre e desigualdade. Nesse escopo, pondera que apesar de os terremotos e furacões não serem produtos da desigualdade, seus impactos podem cair de forma muito desigual em diferentes segmentos da sociedade. Para o autor americano, a desproporção no impacto de um desastre está, ainda, intimamente relacionada a fatores como gênero, idade e raça. FARBER, Daniel. Disaster Law and Inequality. *Law and Inequality*, v. 25, n 2, p. 1-19, 2007.

co atual da sociedade, a medição do elemento vulnerabilidade é um importante instrumento de auxilio à ciência no caminho de transição para a redução eficaz do risco e promoção de uma cultura e política de resistência aos desastres.

Nessa linha, ao estabelecer as diretrizes e objetivos da Política Nacional de Defesa Civil no Brasil, a Lei 12.608/2012 torna obrigatória a integração de diversas políticas ligadas a fatores potencializadores dos desastres. A "abordagem integrada e sistêmica" da lei objetiva a redução das vulnerabilidades a partir da promoção do desenvolvimento sustentável. De acordo com o art. 3º:

> A PNPDEC deve integrar-se às políticas de ordenamento territorial, desenvolvimento urbano, saúde, meio ambiente, mudanças climáticas, gestão de recursos hídricos, geologia, infraestrutura, educação, ciência e tecnologia e às demais políticas setoriais, tendo em vista a promoção do desenvolvimento sustentável.

Em âmbito internacional, a Conferência Mundial sobre Redução de Desastres,[134] realizada em janeiro de 2005, no Japão, teve como tema: "Construir a Resiliência das Nações e das Comunidades aos Desastres". Na ocasião, foi aprovado um quadro de ações a serem implementadas no período de 2005 a 2015. O encontro focou-se na promoção de abordagens estratégicas sistemáticas de redução das vulnerabilidades aos riscos, sendo que dentre as prioridades de ações estão a observação de que a diversidade cultural, idade e grupos vulneráveis devem ser levados em consideração quando do planejamento para a redução de risco de desastres. Segundo a declaração, o ponto de partida para a redução de riscos de desastres e para a promoção de uma cultura de resistência aos mesmos, reside no conhecimento dos riscos e das vulnerabilidades física, sociais, econômicas e ambientais que a maioria das sociedades enfrenta, e das maneiras pelas quais aqueles e a vulnerabilidades estão mudando no curto e longo prazo.[135]

No Brasil, a redução da vulnerabilidade é considerada dentre as espécies de medidas preventivas de desastres. Para o Instituto Nacional de Pesquisas Espaciais Brasileiro,[136] as medidas preventivas de catástrofes podem ser classificadas em duas espécies: estruturais e não estruturais. As primeiras são aquelas de cunho corretivo, como as

---

[134] WORLD Conference on Disaster Reduction. *Hyogo Framework for Action 2005-2015*: International Strategy for Disaster Reduction International Strategy for Disaster Reduction. Building the Resilience of Nations and Communities to Disasters. Disponível em: <www.unisdr.org/wcdr>. Acesso em: 11 out. 2011, p. 1-25.

[135] Idem, tradução livre.

[136] MARCELINO, Emerson Vieira. *Desastres naturais e geotecnologias: conceitos básicos* – INPE. São José dos Campos, 2008, p. 23-27.

obras de engenharia. Apesar de minimizar o problema em curto prazo, as medidas estruturais são caras, paliativas, e, frequentemente, ocasionam outros impactos ambientais, gerando uma falsa sensação de segurança. As medidas não estruturais, de caráter educativo e de planejamento, apesar dos resultados a médio e longo prazo, são de baixo custo, de fácil aplicação e permitem uma correta percepção do risco. Como exemplos dessas últimas, destacam-se os mapeamentos, *as análises de vulnerabilidade*, os zoneamentos das áreas de risco e a educação ambiental.[137]

1.7.2. Resiliência

Além da vulnerabilidade, a resiliência é o segundo fator transversal aos desastres, o termo se refere à capacidade de um sistema acomodar condições variáveis e inesperadas sem falha catastrófica, ou a capacidade de absorver choques sem maiores distúrbios.[138] Resiliência é, portanto, a capacidade que um sistema apresenta de tolerar perturbações sem alterar suas estruturas e identidades básicas. Uma das principais características de um sistema resiliente é a habilidade de manter-se em um elevado nível de consistência e estrutura comportamental em face de um ambiente dinâmico de mudança.[139]

Cada desastre apresenta uma combinação única de problemas que nem sempre é solucionada com uma só resposta, mas muitas vezes com uma combinação ou conjunto delas. Por essa razão, um bom planejamento para esses casos deve esperar o melhor, mas estar preparado para o pior. Logo, pode-se dizer que a resiliência influencia diretamente na capacidade que um sistema tem de, sob condições críticas e extremas, coletar, distribuir informações e continuar funcionando ainda que um determinado elemento não esteja em plenas condições, um

---

[137] No entanto, para ambos os casos, é necessário atender a alguns pressupostos indispensáveis na gestão do risco: conhecimento dos fenômenos desencadeantes, a busca pela redução da exposição e fragilidade socioeconômica às áreas potencialmente vulneráveis; valer-se de técnicas e métodos coerentes e eficazes que prezem pelo equilíbrio na relação custo/benefício; Aumentar a capacidade adaptativa e de convívio das comunidades frente aos desastres; zelar pela difusão e distribuição de dados e informações visando à socialização do conhecimento; permear na sociedade uma cultura de desastres "positiva" e não vitimalista e sensacionalista; alcançar e conscientizar a esfera política. INPE, op. cit., p. 30-31.

[138] LITMAN, Todd. Lessons From Katrina and Rita: What Major Disasters Can Teach Transportation Planners. *Journal of Transportation Engineering*, vol. 132, p. 11-18, 2006. Disponível em: <http://www.vtpi.org/katrina.pdf>.

[139] RUHL, J.B. General for resilience and adaptive capacity in legal systems – with applications to climate change adaptation. *North Carolina Law Review*, v. 89, p. 1374-1401, 2011.

recurso se torne escasso ou um determinado tomador de decisão não esteja disponível.[140]

O conceito de resiliência está intimamente relacionado ao de vulnerabilidade. A linha que os une ou divide é tão tênue que muitos autores os consideram sinônimos. Alguns[141] asseveram que a resiliência seria o outro lado da vulnerabilidade, tratando-se da capacidade adaptativa de absorver as tensões e os desastres, e evitar consequências inaceitáveis. O termo estaria assim relacionado às ramificações de tensões e perigos (de saúde, subsistência, de imediato a longo prazo, de indivíduo para a sociedade etc.). Outra corrente,[142] por seu turno, divide a vulnerabilidade em três aspectos, sendo um e o principal deles a resiliência, que estaria relacionada à capacidade de um sistema resistir a um impacto e recuperar-se dele. Percebe-se que nesses casos a compreensão de resiliência abrange tanto os aspectos capacidade de enfrentamento e preparo diante de um risco, quanto a habilidade de recuperação após um desastre.

Embora o tratamento sinônimo seja o mais comum, entende-se resiliência e vulnerabilidade como conceitos diferentes, sendo que a primeira assume importante papel após o desastre e está relacionada ao poder de reconstrução de uma comunidade, local ou sistema destruído. Tão fundamental quanto prevenir é garantir que uma localidade se recomponha. Por essa razão, pode-se dizer que a maior ou menor capacidade de reestruturação e de volta ao *status quo ante* denomina-se "resiliência".[143]

Estudado por várias áreas do conhecimento como engenharia, sociologia e direito, o conceito de resiliência, que evoluiu a partir das disciplinas da psicologia e psiquiatria, na década de 1940, pode ser trabalho a partir de duas vertentes principais de observação. A primeira, clássica, compreende resiliência como um resultado desejado; a segun-

---

[140] LITMAN, Todd. Lessons From Katrina and Rita, op. cit., p. 16.

[141] THOMALLA, Frank (et al). Reducing hazard vulnerability: towards a common approach between disaster risk reduction and climate adaptation. *Disasters*, v 30, n.1, p. 39-48, 2006.

[142] Os demais aspectos seriam a saúde e o grau de proteção. O primeiro inclui a robustez do indivíduo ou grupo e operacionalização de várias medidas sociais (especialmente quanto a medicamentos preventivos). O segundo aspecto estaria ligado a fatores sociais de desigualdade, mas também ao nível de conhecimento técnico e científico e as formas pelas quais os mesmos são utilizados e desenvolvidos. Isso significa dizer que tais conhecimentos podem ser de pouca ou nenhuma valia, dependendo do tipo de vulnerabilidade a que estiverem relacionados, ou seja, pouco adianta investir em um caro satélite de alerta de furacões para uma comunidade que não consegue sintonizar rádio ou que vive em lugares onde o Estado é ausente ou incapaz de prover avisos de alerta. CANNON, Terry. Vulnerability Analysis and the Explanations of "Natural Disasters", op. cit., p. 20-22.

[143] MCDONALD, Roxana. *Introduction to natural and man-made disasters and their effects on buildings*. Architectural Press, 2003, p. 9.

da, mais contemporânea, a vislumbra como um processo que conduza a um resultado desejado. Sob esta perspectiva, a resiliência estaria conectada a um processo de escolha e às responsabilidades daí advindas no futuro.[144] Adotar esta espécie de postura significa aceitar que resiliência tem a ver com processo de escolha em relação a futuras perdas, quando decisões sobre desenvolvimento são tomadas. Trata-se de uma postura absolutamente nova, uma vez que coloca a responsabilidade pela perda nas relações das pessoas com a natureza.[145] Reconhecer a parcela de responsabilidade humana diante dos desastres significa repensar as ações, ter um plano de reconstrução e desenvolver capacidades para implementá-lo, ter seguros e priorizar uma reestruturação eficaz diante de futuras intempéries. Essas são medidas que podem melhorar a resistência e, portanto, a capacidade de indivíduos, comunidades, grupos ou sistemas recomporem-se de situações desestabilizadoras.

Ciente dessas necessidades, o legislador Brasileiro garantiu destaque à resiliência dentre os objetivos a serem atingidos da Política Nacional de Proteção e Defesa Civil (Lei 12.608/2012). De maneira bastante coerente, a lei integra a noção de resiliência com sustentabilidade urbanística.

> Art. 5º São objetivos da PNPDEC:
> (...)
> VI – estimular o desenvolvimento de *cidades resilientes* e os processos sustentáveis de urbanização (grifo nosso);
> (...)

Ainda sob a concepção da resiliência, o artigo 15 cria a possibilidade de estabelecimento de linha de crédito, a ser mantida pela União, e especificamente destinada ao auxílio no capital de giro e no investimento de *recuperação* de pessoas físicas ou jurídicas situadas em municípios com características típicas de desastre.

> Art. 15. A União poderá manter linha de crédito específica, por intermédio de suas agências financeiras oficiais de fomento, destinada ao capital de giro e ao investimento de sociedades empresariais, empresários individuais e pessoas físicas ou jurídicas em Municípios atingidos por desastre que tiverem a situação de emergência ou o estado de calamidade pública reconhecido pelo Poder Executivo federal.

Os programas de implementação da resiliência não se resumem ao aspecto financeiro. A Secretaria Nacional de Defesa Civil (Sedec) lançou, em 2011, no Brasil, a campanha *"Construindo Cidades Resilientes: Minha Cidade está se Preparando"*, em apoio à Estratégia Internacional

---

[144] MANYENA, Simbala B. The concept of resilience revisited. *Disasters*, v. 30, n. 4, p. 434-450, 2006.

[145] Idem, p. 436.

para Redução de Desastres (Eird), coordenada pela Organização das Nações Unidas (ONU). A construção de uma cidade resiliente envolve 10 principais providências a serem implementadas por prefeitos e gestores públicos.[146] Cinco delas têm origem nas prioridades estabelecidas em 2005 pelo Marco de Ação de Hyogo (Japão), quando 168 países se comprometeram a adotar medidas para reduzir o risco de desastres até 2015. O Marco de Ação de Hyogo (MAH) é o instrumento mais importante para a implementação da redução de riscos de desastres que adotaram os Estados-Membros das Nações Unidas. Seu objetivo geral é aumentar a resiliência das nações e das comunidades frente aos desastres ao alcançar, para o ano de 2015, uma redução considerável das perdas que ocasionaram os desastres, tanto em termos de vidas humanas quanto aos bens sociais, econômicos e ambientais das comunidades e dos países. O MAH oferece cinco áreas prioritárias para a tomada de decisões, em iguais desafios e meios práticos para aumentar a resiliência das comunidades vulneráveis aos desastres, no contexto do desenvolvimento sustentável: (*i*) fazer com que a redução dos riscos de desastres seja uma prioridade; (*ii*) conhecer o risco e tomar medidas; (*iii*) desenvolver uma maior compreensão e conscientização; (*iv*) reduzir o risco; (*v*) estar preparado e pronto para atuar.[147]

Como nas demais fases de um desastre, observa-se que também o período da resiliência deve ser permeado pelo já mencionado círculo de gestão do risco. A reconstrução após um desastre deve priorizar a não ocorrência das mesmas falhas e o investimento na redução das vulnerabilidades detectadas, com vistas à cultura de prevenção, ainda que as probabilidades de um novo evento sejam remotas. A apuração dessas probabilidades é obtida através de um aprimorado processo de gestão dos riscos, o que requer um multidisciplinar entrelaçamento de diferentes discursos científicos. Nessa perspectiva, tanto a diminuição da vulnerabilidade quanto o aprimoramento da resiliência têm um desafio em comum a ser superado, qual seja, a dificuldade de integração dos diversos tipos de informações, conhecimentos, experiências e o desenvolvimento de projetos colaborativos envolvendo cientistas, juristas e políticos que possuem visões diversas de uma mesma realidade e operam por meio de códigos diferentes.[148]

---

[146] Disponível em: <http://www.defesacivil.gov.br/cidadesresilientes/pdf/Documento_Final.pdf>. Acesso março de 2012.

[147] Estratégia Internacional para a Redução de Desastres (EIRD). Material para download disponível em: <http://www.defesacivil.gov.br/cidadesresilientes/pdf/mah_ptb_brochura.pdf>. Acesso em: março de 2012.

[148] Thomalla, Frank *et al. Reducing hazard vulnerability*, op. cit, p. 6-7.

1.8. Tratamento da incerteza e da informação ambiental frente aos riscos de desastres

Os riscos catastróficos têm, geralmente, baixas probabilidades, mas consequências extremas. Neste sentido, estes riscos são marcados por uma grande incidência de incerta científica, o que dificulta a aplicação de metodologias de quantificação de sua probabilidade. Contudo, mesmo que as consequências sejam *remotas e altamente especulativas*,[149] destaca-se a necessidade de investigação (demonstrada nos estudos de impactos ambientais) em casos de potencial catastrófico (ataques terroristas, acidentes nucleares, terremotos, acidentes industriais, epidemias etc.).

Mesmo diante de grandes incertezas científicas, da precariedade de dados ou a absoluta ausência de informações, há a necessidade de que tais elementos sejam objeto de reflexão transparente pelos estudos ambientais e decisões administrativas. A existência de incertezas e até mesmo a ausência de dados científicos devem ser levantadas e consideradas nos estudos ambientais, mesmo sem a possibilidade de demonstração quantificável das probabilidades. Adotando-se o exemplo das agências e cortes americanas, mais provocadas acerca de riscos catastróficos em razão de suas características climáticas e industriais, observa-se um destaque ao Princípio da Informação bem como a necessidade de apresentação explícita, transparente e motivada no que diz respeito às duvidas existentes acerca dos riscos, quer em suas probabilidades de ocorrência ou em sua possível magnitude catastrófica.[150] Sempre que a obtenção de informações seja possível a um custo razoável e haja a dúvida científica ou omissão de tais dados, estes devem ser trazidos à análise do órgão ambiental no procedimento autorizativo administrativo.[151] Neste caso, os critérios utilizados para impor a necessidade de aprofundamento investigativo acerca de riscos de desastres é que deva haver um *prognóstico razoável (rule of reason)* que inclua as possíveis con-

---

[149] FARBER, Daniel. "Confronting Uncertainty under NEPA". *Issues in Legal Scholarship*. Vol. 1. Iss. 3, (Balancing the Risks: Managing Technology and Dangerous Climate Change), Article 3, The Berkeley Electronic Press, 2009, p. 4. Disponível em <http://www.bepress.com/ils/vol8/iss3/art3>. Acessado em 22.06.2011.

[150] JASANOFF, Sheila. *Science at the Bar: Law, Science, and Technology in America*. Cambridge: Harvard University Press, 1995.; FARBER, Daniel. "Confronting Uncertainty under NEPA". *Issues in Legal Scholarship*. Vol. 1. Iss. 3, (Balancing the Risks: Managing Technology and Dangerous Climate Change), Article 3, The Berkeley Electronic Press, 2009, p. 4. Disponível em <http://www.bepress.com/ils/vol8/iss3/art3>. Acessado em 22.06.2011; MAYO, Deborah G.; HOLLANDER, Rachelle D. (Eds.). *Acceptable Evidence: Science and Values in Risk Management*. New York: Oxford University Press, 1991.; VERCHICK, Robert R. M. *Facing Catastrophe: Environmental Action for a Post-Katrina World*. Cambridge: Harvard University Press, 2010.; SUNSTEIN, Cass. "Irreversibility". *Law, Probability and Risk*. v. 9, 3-4, set-dec. London: Oxford University Press, 2010.

[151] FARBER, Daniel. "Confronting Uncertainty under NEPA". *Issues in Legal Scholarship*, p. 22.

sequências catastróficas, mesmo com baixas probabilidades.¹⁵² Alguns eventos catastróficos, mesmo diante de sua remota probabilidade, podem ter consequências tão catastróficas capazes de justificar que tais riscos sejam levados em consideração.¹⁵³

Diante da possibilidade de especulações acerca de riscos catastróficos, as agências são compelidas a uma leitura mais exigente (*hard look doctrine*)¹⁵⁴ acerca dos piores cenários possíveis (*worst-case scenarious*), impondo uma busca pelo aprofundamento de informações ambientais para identificação técnica dos riscos, suas incertezas, precariedade de dados ou mesmo ausência destes e, finalmente, a realização de processos de publicização em audiências públicas.

As razões para a dificuldade da humanidade em lidar com riscos de baixa probabilidade, mesmo que estes tenham consequências de grande magnitude, estão ligadas a fatores comportamentais dos seres humanos em sua adaptação evolutiva. Em razão da limitação da capacidade mental e de atenção, os seres humanos não teriam sobrevivido às circunstâncias de perigo caso não tivessem priorizado as situações de alta probabilidade de morte imediata em detrimento das ameaças de baixa probabilidade, mesmo que muito gravosas.¹⁵⁵

Para tanto, a gestão dos riscos e perigos catastróficos depende, por evidente, de um regime jurídico capaz de, em um primeiro momento, *identificação técnica* e *antecipação jurídica* às catástrofes.¹⁵⁶ Neste sentido, a identificação e a gestão dos riscos catastróficos exigem uma demonstração transparente dos impactos significativos possíveis, a partir de uma consideração cuidadosa das informações científicas disponíveis no estado da arte, bem como das áreas em que há discordâncias ou mesmo incertezas (quer sobre sua probabilidade ou magnitude), sem ocultação destes numa varredura para *debaixo do tapete*.¹⁵⁷

Qualquer sistema de informações para *prognóstico razoável* acerca de riscos ambientais tende a ser exercido numa dupla sistematização,

---

¹⁵² FARBER, Daniel. Op. cit., p. 24 e segs.

¹⁵³ Idem, p. 19.

¹⁵⁴ JASANOFF, Sheila. *Science at the Bar: Law, Science, and Technology in America*. Cambridge: Harvard University Press, 1995; FARBER, Daniel. "Confronting Uncertainty under NEPA". *Issues in Legal Scholarship*. Vol. 1. Iss. 3, (Balancing the Risks: Managing Technology and Dangerous Climate Change), Article 3, The Berkeley Electronic Press, 2009, p. 4. Disponível em <http://www.bepress.com/ils/vol8/iss3/art3>. Acessado em 22.06.2011.

¹⁵⁵ Neste sentido, ver: POSNER, Richard A. *Catastrophe: risk and response*. Oxford: Oxford University Press, 2004, p. 9-10.

¹⁵⁶ SÉGUR, Philippe. "La catastrophe et le risqué naturels. Essai de definition juridique". *Revue du Droit Public*, 1997.

¹⁵⁷ FARBER, Daniel. "Confronting Uncertainty under NEPA". *Issues in Legal Scholarship*, p. 33.

com *sistemas de informações ex ante* e de informações *ex post*. O primeiro sistema enfatiza a produção de informações preventiva e acauteladamente, valorizando as situações de hipóteses ponderáveis acerca dos riscos e perigos. Este modelo tende a dar grande ênfase aos licenciamentos ambientais e aos estudos de impactos ambientais (nos casos de riscos antropogênicos) bem como aos mapas de riscos (estes mais centrados em desastres naturais). Já o segundo, enfatiza a produção de informação e dados após a ocorrência do fenômeno emergencial, apurando orientações não apenas para o atendimento emergencial como para a prevenção de futuros eventos.

Simultaneamente, outros dois modelos parecem apresentar relevância para a presente discussão: os sistemas de análise científica e de aprendizado. Isto é, aqueles objeto de investigação científica e aqueles objeto de constatação empírica. A interface destes dois modelos é importantíssima para a obtenção e concretude da atuação e planejamento na prevenção, atendimento e recuperação dos danos causados pelos desastres, devendo ser aplicado sempre métodos oriundos da análise científica dos riscos (*sistema de análise científica*), assim como uma análise a partir do aprendizado com eventos catastróficas ocorridos no passado, isto é, num sistema de *lesson learned*.

2. Objetos do direito dos desastres

O Direito dos Desastres tem por objeto uma complexa teia de obrigações, deveres e interesses tutelados na prevenção e no atendimento aos eventos catastróficos. Sob o *ponto de vista funcional*, o Direito apresenta um papel central no contexto interdisciplinar dos processos de tomada de decisão concernentes aos desastres ambientais.[158] O chamado Direito dos Desastres consiste num complexo e multifacetado ramo do Direito que, ante uma premente necessidade de sistematização, apresenta uma abordagem ponderada para gerenciar o caos dos desastres.[159] O Direito dos Desastres detém como objetivos funcionais (*i*) a prevenção ou mitigação; (*ii*) a prestação de ações emergenciais; (*iii*) a compensação ambiental, bem como às vítimas e às propriedades atingidas pelo evento; e (*iv*) a reconstrução das áreas atingidas.[160]

A exemplo das tradições europeia e norte-americana, a estruturação das funções deste ramo jurídico no contexto brasileiro também tem por objeto a prevenção, a preparação para emergências, a resposta e a reconstrução dos desastres.[161] Contudo, ao contrário daqueles,[162] mais fortemente centrados em sistemas de seguros e assistência social às vítimas, o sistema nacional não atribui destaque à função de compensação ambiental e financeira às vítimas, conforme demonstra

---

[158] FARBER, Daniel. "Symposium Introduction: Navigating the Intersection of Environmental Law and Disaster Law", 1786.

[159] Idem, p. 1814

[160] FARBER, Daniel; CHEN, Jim; VERCHICK, Robert. R.M.; SUN, Lisa Grow. *Disaster Law and Policy*. New York: Aspen Publishers, 2010.

[161] Conforme Política Nacional de Defesa Civil (publicado no Diário Oficial da União nº 1, em 2 de janeiro de 1995, através da resolução nº 2 de 12 de dezembro de 1994), disponível no site da defesa civil em <http://www.defesacivil.gov.br/codar/index.asp>. Acesso em 21.10.2011.

[162] Acerca do sistema securitário americano para compensação de vítimas de desastres, ver: SUGERMAN, Stephen D. "Roles of Government in Compensating Disaster Victims". *Issues in Legal Scholarship*. The Berkeley Electronic Press, 2006. Disponível em: <http://www.law.berkeley.edu/sugerman/Disaster_losses_final.pdf>. Acesso em 09.03.2012.

a própria omissão constante nos objetivos da Política Nacional de Defesa Civil.[163]

Ainda, a *Política Nacional de Defesa Civil* brasileira, em sua conformação original, descrevia tais funções e objetos do tratamento dos desastres (prevenção; preparação para emergências e desastres; resposta aos desastres; e reconstrução) de forma estanque, sem destacar a circularidade necessária ao gerenciamento dos riscos que permeiam todas as etapas de um desastre. A radicalidade da magnitude e das indeterminações que engendram os desastres faz do Direito dos Desastres um importante elemento de intersecção e aprendizado para o Direito Ambiental, sendo capaz de demonstrar a necessidade de que a gestão de risco permeie, circularmente, a consecução de todas as fases e objetivos. Já a Política Nacional de Defesa Civil instituída pela lei 12.608/2012 avança em alguns aspectos, especialmente quando dentre suas diretrizes observa-se o mandamento de *abordagem sistêmica* das ações de prevenção, mitigação, preparação, resposta e recuperação. Além disso, é possível observar que a legislação como um todo é norteada pelas diretrizes de redução dos riscos de desastres *a partir de uma gestão integrada* do território, dos recursos naturais e do planejamento das políticas setoriais. Senão vejamos:

> Art. 4º São diretrizes da PNPDEC:
> I – *atuação articulada* entre a União, os Estados, o Distrito Federal e os Municípios para redução de desastres e apoio às comunidades atingidas (grifo nosso);
> II – *abordagem sistêmica das ações* de prevenção, mitigação, preparação, resposta e recuperação (grifo nosso);
> (...)

Estas dimensões unificam o Direito dos Desastres, como um todo, a partir do conceito de *gestão de risco*.[164] Portanto, o que mais caracteriza este ramo é, exatamente, a ênfase na antecipação aos desastres que, no caso, deve ser guiado por um *"círculo de gestão de risco"*.[165] Esta circularidade reflete a constatação de que todas as fases, estratégias e instru-

---

[163] CARVALHO, Délton W. de. Por uma necessária introdução ao direito dos desastres ambientais. *Revista de Direito Ambiental*, ano 17, vol., 67, jul.-set., 2012, p. 107-142.

[164] FARBER, Daniel. "Symposium Introduction: Navigating the Intersection of Environmental Law and Disaster Law", p. 1791.; Especificamente acerca das características e da gestão dos riscos catastróficos no contexto norteamericano ver: FARBER, Daniel. "Confronting Uncertainty under NEPA". *Issues in Legal Scholarship*. Vol. 1. Iss. 3, (Balancing the Risks: Managing Technology and Dangerous Climate Change), Article 3, The Berkeley Electronic Press, 2009. Disponível em <http://www.bepress.com/ils/vol8/iss3/art3>. Acessado em 22.06.2011.

[165] FARBER, Daniel; CHEN, Jim; VERCHICK, Robert. R.M.; SUN, Lisa Grow. *Disaster Law and Policy*. New York: Aspen Publishers, 2010; FARBER, Daniel. "Symposium Introduction: Navigating the Intersection of Environmental Law and Disaster Law". Disponível em <http://lawreview.byu.edu/articles/1325732020_01Farber.FIN.pdf>. Acesso em 11.01.2012.

mentos utilizados para prevenção e mitigação, prestação de respostas emergenciais, compensação e reconstrução, devem serem alinhadas pela necessidade de prevenção e mitigação de novos desastres. Neste sentido, a própria fase da reconstrução já deve completar o círculo mediante a inclusão de medidas preventivas e mitigadoras em relação a possíveis desastres futuros, assim como, por exemplo, uma mitigação exitosa antes do evento reduzirá a necessidade de assistência emergencial e compensações futuras.[166] Assim, o gerenciamento de risco deve compor todas as estratégias e momentos que envolvem um desastre numa circularidade de gerenciamento dos riscos catastróficos.

2.1. Plano nacional de defesa civil e suas diretrizes de atuação

Desde 2007, o Brasil possui um Plano Nacional de Defesa Civil (PNDC). Atualmente em reforma, mas ainda em vigor, o plano orienta a atuação da Defesa Civil a partir da concorrência efetiva de quatro aspectos, denominados Planos Diretores da Defesa Civil: prevenção; preparação para emergência e desastres; resposta aos desastres; e reconstrução.[167] A prevenção dos desastres envolve a avaliação (estudo das ameaças, do grau de vulnerabilidade do sistema e dos corpos receptores, e a síntese conclusiva, com a avaliação e hierarquização dos riscos catastróficos e definição das áreas de maior risco) e a gestão dos riscos de desastres (medidas estruturais[168] e não estruturais).[169] A preparação para as emergências consiste no aparelhamento e mobilização institucional para o atendimento às emergências, podendo ser sintetizada e exemplificada na função de monitorar, alertar e soar alarmes quando necessários. A resposta aos desastres compreende o socorro,[170]

---

[166] FARBER, Daniel. "Symposium Introduction: Navigating the Intersection of Environmental Law and Disaster Law", p. 1.791.

[167] BRASIL. *Plano Nacional de Defesa Civil*. Ministério da Integração Nacional – Secretaria Nacional de Defesa Civil, Brasília, 2007, p. 15-18. Disponível em: <http://www.defesacivil.gov.br/politica/index.asp>. Acesso em 13 de março de 2012.

[168] Aquelas que "englobam obras de engenharia de qualquer especialidade". Idem, p. 15-16.

[169] São as que "englobam o planejamento da ocupação e/ou da utilização do espaço geográfico, em função da definição das áreas de risco, bem como do aperfeiçoamento da legislação de segurança contra desastres". As medidas não estruturais englobam ou podem englobar a interação entre diversos instrumentos, tais como os próprios Planos Diretores de Defesa Civil; os Planos Diretores de ordenação do solo urbano; os Planos Diretores de Bacias Hidrográficas; os Estudos de Impacto Ambiental que tenham relação com os riscos envolvidos; o Zoneamento Ambiental de uma determinada área ou região; entre outros. Ibidem.

[170] Este compreende três momentos: pré-impacto (no intervalo entre o prenúncio e o desencadeamento do evento catastrófico), impacto (no momento em que ocorrendo o evento adverso), limi-

assistência às populações vitimadas[171] e reabilitação do cenário do desastre.[172] A reconstrução visa à recuperação da área afetada, compreendendo esta a reconstrução plena dos serviços públicos, da economia da área, do moral social, do bem-estar da população afetada.[173]

2.1.1. Prevenção e mitigação

As estratégias preventivas são compostas, tanto no Direito norte-americano quanto no direito brasileiro, a partir de medidas estruturais e não estruturais. No Direito brasileiro, como já referido, a prevenção dos desastres envolve, por evidente, a avaliação (estudo das ameaças, do grau de vulnerabilidade do sistema e dos corpos receptores, e a síntese conclusiva, com a avaliação e hierarquização dos riscos catastróficos e definição das áreas de maior risco) e a gestão dos riscos de desastres (medidas estruturais e não estruturais). Nota-se que as medidas estruturais, compreendidas pela Política Nacional de Defesa Civil, consistem principalmente naquelas decorrentes da engenharia civil (*infraestrutura* construída pelo homem). Por tais motivos, a legislação brasileira estabelece a prioridade das medidas não estruturais sobre as estruturais,[174] dando ênfase às estratégias de construção de informações e conhecimento acerca dos riscos ambientais em detrimento do dispêndio de custos financeiros em obras de infraestrutura civil.

Note-se que recentemente, construtivas e criativas soluções vêm sendo adotadas pelo Direito dos Desastres norte americano no sentido de tomar a *infraestrutura natural* como estratégia *estrutural* preventiva e mitigadora aos desastres, valorando os ecossistemas não apenas como *bens ambientais*, mas, sobretudo os *serviços ecossistêmicos* de prevenção e proteção prestados por estes contra desastres naturais. Os desastres ambientais têm, naquela tradição jurídica, exercido um papel significativo em determinar como se entende e valora os serviços ambientais.[175]

---

tação de danos (momento após o desastre). BRASIL. *Plano Nacional de Defesa Civil*. Ministério da Integração Nacional, op. cit., p. 16-17.

[171] Compreende atividades logísticas, assistenciais e de promoção da saúde. Idem, p. 31.

[172] Compreende atividades de avaliação de danos; vistoria e elaboração de laudos técnicos; desmontagem de estruturas danificadas; desobstruções e remoções de escombros; sepultamento, limpeza, descontaminação, desinfecção e desinfestação do ambiente; reabilitação dos serviços essenciais; recuperação das unidades habitacionais de baixa renda. Ibidem, p. 32.

[173] BRASIL. *Plano Nacional de Defesa Civil*. Ministério da Integração Nacional, op. cit., p. 32-35.

[174] Cfe. item 1.2. da Política Nacional da Defesa Civil, p. 15: "Em princípio, as medidas não-estruturais devem ser consideradas prioritariamente".

[175] HIROKAWA, Keith H. "Disasters and Ecosystem Services Deprivation: from Cuyahoga to the Deepwater Horizon". *Albany Law Review*, vol. 74, n. 1, 2011, p. 545.

Não se pode olvidar que os serviços ecossistêmicos também exercem uma importante função na construção da resiliência de uma comunidade afetada de forma mais célere. Isto é, a preservação dos ecossistemas e de seus serviços desenvolve um papel de grande importância na fase pós-desastre.[176] Por tal razão, a indicação realizada pela doutrina americana consiste em dizer que as estratégias preventivas a desastres devem enfatizar controles estruturais naturais (infraestruturas naturais) e controles não estruturais (estudos, avaliações, mapas de risco, zoneamentos etc.).[177] Neste sentido, o Direito dos Desastres nos Estados Unidos começa a utilizar-se do aprofundamento dos serviços ambientais como medidas estruturais preventivas, estratégia estrutural inexistente, ou para dizer o mínimo, inexplorada, no cenário brasileiro até o momento.

A perspectiva da utilização dos serviços ambientais como critério para avaliação, quantificação e gestão de riscos e danos ambientais detém sustentação constitucional no âmbito brasileiro, vez que o art. 225, §1º, I, da Constituição Federal estabelece como incumbência do Poder Público "preservar e restaurar os *processos ecológicos essenciais* e prover o manejo ecológico das espécies e *ecossistemas*". Neste sentido, os serviços ecossistêmicos apresentam sustentação constitucional, sendo o meio ambiente ecologicamente equilibrado uma síntese jurídico-conceitual que é, simultaneamente, garante de um bem jurídico comum e de serviços ecossistêmicos deste oriundos. Trata-se de um bem/serviço que atua como uma *infraestrutura*. Em outras tintas, sua relevância essencial ao bem-estar transindividual justifica a sua manutenção, re-

---

[176] Neste sentido: "*Ecosystem management can contribute to more effective reduction of disaster risk in two major ways. Well-managed ecosystems can mitigate the impact of most natural hazards, such as landslides, hurricanes and cyclones. In addition, productive ecosystems can support sustainable income-generating activities and are important assets for people and communities in the aftermath of a disaster. For ecosystems to make these contributions, it is essential that they be factored into relief and rebuilding efforts in the post-disaster response phase*". Karem Sudmeier-Rieux, Hillary Masundire, Ali Rizvi, and Simon Rietbergen (eds.). *Ecosystems, Livelihood and Disasters: An integrated approach to disaster risk management*. IUCN: Cambridge, 2006, p. 01. "O Manejo de ecossistemas pode contribuir para a redução mais eficaz dos riscos de desastres de duas maneiras principais. Bem geridos, os ecossistemas podem mitigar o impacto da maioria dos desastres naturais, como deslizamentos de terra, furacões e ciclones. Além disso, ecossistemas produtivos podem suportar atividades sustentáveis geradoras de renda, sendo também recursos importantes para as pessoas e comunidades na sequência de uma catástrofe. Para os ecossistemas fazerem essas contribuições, é essencial que estes sejam tomados em conta nos esforços de alívio e reconstrução na fase de resposta pós-desastre." (tradução livre do autor).

[177] VERCHICK, Robert R. M.. *Facing Catastrophe: Environmental Action for a Post-Katrina World*. Cambridge: Harvard University Press, 2010, p. 78: "*agencies charged with flood control policy should be directed to develop strategies that enphasize natural structural controls (like wetlands and barrier islands) and nonstructural controls (lie zoning changes and flood easements)*", "agências encarregadas da política de controle de inundação deveriam ser direcionadas para desenvolver estratégias que enfatizassem controles estruturais naturais (como pântanos e ilhas barreira) e controles não-estruturais (tais como mudanças de zoneamento e servidões de inundação)." (tradução livre do autor).

cuperação e constante monitoramente no Estado de Direito Constitucional.

Os *serviços ecossistêmicos*, de destacada ênfase na análise dos desastres ambientais, passam a exercer um grande desenvolvimento tanto na administração dos riscos como na configuração jurídica dos *danos ambientais coletivos*. Isto se dá em razão do fato de que, ao se *valorar os recursos ecossistêmicos* em relação aos *custos e benefícios* das mudanças nas suas funções, adquire-se um maior e mais profundo entendimento das razões para a reparação do dano ecossistêmico, bem como da relevância de se evitar futuros desastres.[178] No que toca a gestão dos riscos e perigos, apesar da já referida a existência de uma "subvaloração" mercadológica dos serviços ambientais e da inexistência atual de um mercado de financiamento destes, estes servem de estímulo ao aprofundamento de *estudos científicos* e da *absorção jurídica* das funções ecológicas dos bens ambientais em processos de tomada de decisão jurídica. Também, visto como *infraestrutura natural*, o bem ambiental adquire uma dupla dimensão, atuando como *bem jurídico* e *serviços ecossistêmicos irradiantes*.

O panorama dos serviços ecossistêmicos (*ecosystems services approach*) serve, cada vez mais, ao detalhamento técnico do mapeamento dos bens e suas funções ecológicas. A partir de uma base construtivista, os serviços ecossistêmicos são capazes de *acoplar*, num mesmo ato comunicacional, diversas estruturas de racionalidade comunicativa e de decisão (científica, econômica, jurídica, política). Portanto, esta perspectiva explora o conhecimento corrente, enfatizando a interdisciplinaridade ambiental, integrando a ciência emergente ou contemporânea, a economia dos serviços ecossistêmicos e a sua avaliação dentro da área de atuação jurídica de regras e incentivos.[179]

Informações estas cada vez mais essenciais aos processos de tomada de decisão nos órgãos ambientais ou mesmo na configuração jurisdicional do dano ambiental em ações de responsabilização civil ambiental, desvelando as funções essenciais a serem supridas nos momentos da recuperação *in natura*, da compensação ecológica ou mesmo de uma indenização. Neste sentido, os serviços ambientais servem como *critério de quantificação e arbitramento* (econômico e funcional) do dano ambiental pelo Direito, a partir das informações técnicas acerca das funções ecológicas e serviços prestados por um determinado siste-

---

[178] HIROKAWA, Keith H. "Disasters and Ecosystem Services Deprivation: from Cuyahoga to the Deepwater Horizon". *Albany Law Review*, vol. 74, n. 1, 2011, p. 552.

[179] SALZMAN, James; THOMPSON JR, Barton H.; DAILY, Gretchen C.. "Protecting Ecosystem Services: Science, Economics, and Law. *Standford Environmental Law Journal*. 20:309, 2001, p. 313.

ma ecológico afetado por uma degradação ambiental. A valoração dos serviços ecossistêmicos *perdidos* em um desastre ambiental apresenta importantes ganhos para a contabilização de danos ambientais mais tradicionais, quer em suas dimensões material ou imaterial, devendo ser objeto de internalização (na condição de critério de análise, ponderação, arbitramento e declaração jurisdicional do dano ambiental).

No que toca a sua relevância em um plano preventivo, os serviços ecossistêmicos também começam a exercer uma forte influência na delimitação da intolerabilidade social do risco, servindo de medidas não estruturais (estudos técnicos) – como critério e parâmetro decisional para a disseminação de medidas preventivas proporcionais, e estruturais (*infraestrutura verde*), estimulando a valoração da manutenção e do monitoramento dos recursos ambientais e seus serviços ecossistêmicos).

2.1.2. Respostas de emergência

Nesta fase de um desastre, o Direito exerce uma função de delimitar e fornecer, sob o império na normatividade, alinhamentos claros para respostas às condições emergenciais, demandando também o planejamento e treinamento apropriados. As ações de socorro consistem em ações imediatas de resposta aos desastres com o objetivo de socorrer a população atingida, incluindo a busca e o salvamento, os primeiros-socorros, o atendimento pré-hospitalar e o atendimento médico e cirúrgico de urgência, entre outras estabelecidas pelo Ministério da Integração.[180] Esta fase compreende, ainda, as ações de assistência às vítimas e as ações de restabelecimento de serviços essenciais. As ações de assistência às vítimas são "ações imediatas destinadas a garantir condições de incolumidade e cidadania aos atingidos, incluindo o fornecimento de água potável, a provisão e meios de preparação de alimentos, o suprimento de material de abrigamento, de vestuário, de limpeza e de higiene pessoal, a instalação de lavanderias, banheiros, o apoio logístico às equipes empenhadas no desenvolvimento dessas ações, a atenção integral à saúde, ao manejo dos mortos, entre outras estabelecidas pelo Ministério da Integração Nacional".[181] Já o restabelecimento dos serviços essenciais tratam-se das "ações de caráter emergencial destinadas ao restabelecimento das condições de segurança e habitabilidade da área atingida pelo desastre, incluindo a desmontagem de edificações e de obras de arte com estruturas comprometidas,

---

[180] Cfe. art. 2º, V, Decreto nº 7.257/10.

[181] Idem.

o suprimento e distribuição de energia elétrica, água potável, esgotamento sanitário, limpeza urbana, drenagem das águas pluviais, transporte coletivo, trafegabilidade, comunicações, abastecimento de água potável e desobstrução e remoção de escombros, entre outras estabelecidas pelo Ministério da Integração".[182] Esta é uma fase em que é fundamental a delimitação da articulação dos papéis a serem exercidos pelos órgãos públicos em todos os níveis, pela Força Militar, bem como de entidades privadas e voluntários.

2.1.3. Compensação

Apesar das atenções da opinião pública, do Plano Nacional de Defesa Civil e da legislação brasileira (Lei 12.608/2012) estarem voltados para a prevenção e respostas emergenciais, o que é plenamente justificável, *a compensação das vítimas adquire uma posição central no Direito dos Desastres*. A função do Direito neste momento consiste em fornecer um entrelaçamento de métodos provenientes dos setores público e privado para compensação das pessoas atingidas.

No contexto comparado da *Commom Law* norte-americana, existem os seguros privados (*primeiro* método de compensação), a litigiosidade judicial (responsabilidade civil por danos catastróficos) contra atores privados (*segundo*), e a possibilidade de obtenção de compensação pelo governo federal ou estadual (*terceiro*). A compensação das vítimas adquire, assim, uma das seguintes formas: seguros privados (seguros de vida, seguro de saúde, por incapacidade, de bens imóveis etc.); ações de responsabilidade por danos (*tort law system*); e assistência governamental (*government programs*).[183]

No que concerne à assistência governamental, o sistema americano conta com programas federais que asseguram os indivíduos contra perdas por alguns desastres naturais. Uns são de contratação obrigatória; outros não. Exemplificando-os pode-se mencionar *Federal Crop Insurance* (FCIP)[184] e o Programa Nacional de Seguros de Inundação (PNIF),

---

[182] Cfe. art. 2º, VII, Decreto nº 7.257/2010.

[183] SUGERMAN, Stephen D.. "Roles of Government in Compensating Disaster Victims". *Issues in Legal Scholarship*. Manuscript 1093, Berkeley: The Berkeley Electronic Press, 2006.; FARBER, Daniel. "Symposium Introduction: Navigating the Intersection of Environmental Law and Disaster Law", p. 1.811. FARBER, Daniel; CHEN, Jim; VERCHICK, Robert. R.M.; SUN, Lisa Grow. *Disaster Law and Policy*. New York: Aspen Publishers, 2010, p. 291-342.

[184] Administrado pela Federal Crop Insurance Corporation (FCIC), o programa oferece seguros subsidiados contra perdas de safra causada por uma grande variedade de fenômenos naturais (por exemplo, a seca, inundação, vento, furacão, tornado, queda de raio, terremoto, vida selvagem infestação, insetos e doenças de plantas). Os produtores que aderem ao programa pagam uma

sendo esse último obrigatório.[185] Além do subsídio a essa espécie de programa, os investimentos por parte do governo são demasiadamente dispendiosos em função do tipo de produto oferecido pelo mercado de seguros, que não assume a cobertura de alguns desastres. Nesses casos, o governo age para oferecer a cobertura faltante ou auxilia o setor privado para que o faça.[186]

A melhoria na cobertura dos seguros de desastres e da abrangência da apólice, mormente em relação a eventos com influência climatológica extrema é um desafio permanente não apenas para o governo, mas para o setor privado em função de duas razões principais: a crescente ocorrência crescente e a potente magnitude dos eventos. Tal realidade redunda em uma previsível resposta do mercado: menores coberturas e aumento dos valores de contratação do serviço. O futuro nesse aspecto é preocupante, pois a ocorrência de eventos climatológicos no País tem crescido vertiginosamente, e o risco de sua recorrente frequência tende a aumentar diante das mudanças climáticas.[187]

Essa realidade desvela muitos outros problemas. Dentre eles, dois vêm à tona de forma especial no momento da compensação por desastre. Em uma catástrofe muitos documentos são perdidos, de maneira que se torna difícil e, por vezes impossível, comprovar a contratação de um seguro, o que redunda em problemas burocráticos de liberação dos valores das apólices. Some-se a isso, o fato de que muitas empresas de seguro transferem suas sedes para outra localidade, deixando os segurados desamparados, ou, ainda, alegam que o tipo de seguro contratado não abrange a ocorrência do evento (que o seguro era para tornado, e não para enchente, por exemplo), o que já resultou, inclusive, em demandas judiciais.[188]

Historicamente, o Congresso americano tem relutado em legislar sobre seguro de desastres em âmbito federal. Nas palavras de Farber,[189] uma das explicações para tanto seria a falta de consenso quanto ao seu

---

taxa administrativa que varia conforme a cultura e o município. BARNETT, Barry. US Government Natural Disaster Assistance: Historical Analysis and a Proposal for the Future. Disasters, v 23, n 2, p.139-155, 1999.

[185] Gerido pela Administração Federal de Seguros (FIA), uma divisão da FEMA. De 1968 até 1973, a compra de seguro de inundação foi inteiramente voluntária. No entanto, a destruição causada pelo furacão Agnes em 1972, dos quais menos de (1) por cento dos danos seguráveis foi coberta pelo PNIF, provocou um mudança na política. Idem, p.3.

[186] FARBER, Daniel. *Disaster, law and policy*, op.cit, p. 321- 341.

[187] THOMAS, Adelle; LEICHENKO, Robin. Adaptation through insurance: lessons from the NFIP. *International Journal of Climate Change Strategies and Management*, v. 3 n, 3, p. 250-263, 2011.

[188] FARBER, Daniel. *Disaster, law and policy*, op.cit, p. 342.

[189] Idem, p. 241.

funcionamento e uma preocupação quanto à presença do governo no mercado de seguros. Apesar disso, o governo federal tem desenvolvido um importante papel na economia norte-americana, assumindo riscos que o setor privado não se responsabilizaria ou o faria por um preço muito alto, o que tornaria sua contratação inviável. Outra possibilidade assecuratória, além da existência dos fundos[190] de compensação anteriormente mencionados, são as concessões de empréstimos que a FEMA está autorizada a conceder às pessoas para que se recuperem de um desastres. O custo da atuação estatal nesses moldes é bastante alto e vem sendo, por anos, motivo de constantes estudos e alterações em legislações que buscam saídas para diminuí-lo.

No Brasil, a fase da compensação tem ficado a cargo da jurisprudência[191] pelo fato de ser negligenciada pela legislação. A Lei 12.340/2010[192] nada dispõe a respeito, tampouco a Lei 12.608/2012. Consoante já mencionado, desastres não são simplesmente acidentes ou atos de Deus, mas envolvem o fracasso do sistema legal ao enfrentar eficazmente os riscos.[193] Duas explicações podem ser apontadas como as principais justificativas para esse fenômeno legislativo. A primeira diz respeito ao fato de o sistema jurídico Brasileiro ainda estar se adaptando às novas questões trazidas pelos desastres. A segunda explicação está relacionada ao fato de o Brasil ser um país com histórico de baixa exposição a desastres. Esse último dado, todavia, tem assumido feição radicalmente oposta nos últimos anos. Os recentes eventos ocorridos em diversos estados brasileiros apontam para a necessidade de estruturação de um sistema público e privado de seguro contra desastres. A falta de seguro

---

[190] O Fundo de Compensação das vítimas de 11 de setembro é outro exemplo a ser citado.

[191] PENAL. CONFLITO DE COMPETÊNCIA. PROGRAMA DE RESPOSTA AOS DESASTRES E RECONSTRUÇÃO. CALAMIDADE PÚBLICA. DESTINAÇÃO DE BENS PELA UNIÃO AOS ESTADOS. REPASSE OBRIGATÓRIO. FISCALIZAÇÃO DO MINISTÉRIO DA INTEGRAÇÃO NACIONAL. INTERESSE DA UNIÃO. COMPETÊNCIA DA JUSTIÇA FEDERAL. O sistema de repasse previsto no programa de resposta aos desastres e reconstrução, tem por finalidade específica o atendimento da população desabrigada por situações de calamidade pública e resulta em termo de compromisso assinado pelos entes federados com o Ministério da Integração Nacional. Estando o ato sujeito à verificação e fiscalização do Governo Federal, é de se ter como presente o interesse da União e, portanto, a competência da Justiça Federal, nos termos da aplicação analógica do Enunciado n° 208 desta Corte. Conflito conhecido para julgar competente o Juízo da 3ª Vara Federal Criminal da Seção Judiciária de Porto Alegre, RS, ora suscitado. Brasil. Superior Tribunal de Justiça. Conflito de competência n° 114.566/RS. 3ª Seção. Rel. Ministra Maria Thereza de Assis Moura. Julgado em: 13/12/2010.

[192] Dispõe sobre as transferências de recursos da União aos órgãos e entidades dos Estados, Distrito Federal e Municípios para a execução de ações de resposta e recuperação nas áreas atingidas por desastre, e sobre o Fundo Especial para Calamidades Públicas e dá outras providências.

[193] FARBER, Daniel. Disaster Law and Emerging Issues in Brazil. *Revista de estudos constitucionais, hermenêutica e teoria do direito-(RECHTD)*, 4(1): 2-15 janeiro-junho, 2012, p. 7.

e resseguro desse tipo de evento tem custado 460 milhões de dólares aos cofres públicos em medidas (despesas) emergenciais.[194]

Nos casos pós-desastre, atualmente, o Governo Federal depende de créditos extraordinários para alocar recursos e atender, emergencialmente, à população atingida, vez que esses recursos não estão reservados em programação orçamentária aprovada no início do exercício financeiro. As Medidas Provisórias têm sido o instrumento assistencial mais comum diante dessas situações. Apenas no primeiro semestre de 2012 mais de um bilhão de reais foram destinados às fases de recuperação, socorro, assistência, excetuando-se apenas a compensação. Somente a Medida Provisória 566, editada em 24 de abril de 2012, destinou recursos da ordem de R$ 706.400.000,00 (setecentos e seis milhões e quatorcentos mil de reais), sendo o Ministério da Integração Nacional contemplado com R$ 424.600.000,00 (quatrocentos e vinte e quatro milhões e seiscentos mil reais) para ações de defesa civil, conforme descrição da tabela 4:[195]

Tabela 4 – Créditos extraordinários destinados à recuperação pela Medida Provisória 566 de 2012.

Ação	Total de crédito	Total empenhado	Total pago
Operação Carro Pipa	164.600.000,00	98.480.733,25	98.480.733,25
Recuperação de Poços	60.000.000,00	60.000.000,00	6.546.579,00
Bolsa Estiagem	200.000.000,00	60.162.040,00	60.162.040,00
Total	424.600.000,00	155.688.508,25	114.077.192,25

Através da Medida Provisória 569, editada em 14 de maio de 2012, a Secretaria Nacional de Defesa Civil recebeu R$ 400.000.000,00 em recursos, consoante tabela 5, na página seguinte:[196]

---

[194] RINDEBRO, U. 2011. Natural Disasters Likely to Become More Frequent, Costly – Swiss Re – Brazil. *Business News Americas*. Disponível em: <http://www.bnamericas.com/news/insurance/natural-disas-ters-likely-to-become-more-frequent-costly-swiss-re>. Acesso em: 08/08/2012.

[195] Secretaria Nacional de Defesa Civil. Nota de Esclarecimento – Recursos de Defesa Civil, 27/07/2012. Disponível em: <http://www.defesacivil.gov.br/noticias/noticia.asp?id=7295.> Acesso em agosto de 2012. Do total de recursos liberados da Medida Provisória 566, R$ 281,8 milhões foram destinados ao Fundo Garantia-Safra, com objetivo de beneficiar os agricultores que perderam a safra 2011/2012 e aderiram ao programa. Estima-se que 80% dos 770 mil agricultores familiares que aderiram ao Programa Garantia-Safra receberão o benefício – são os agricultores que tiveram perda igual ou acima de 50% de sua produção devido à estiagem na região Nordeste, Vale do Mucuri, Vale do Jequitinhonha e Norte de Minas Gerais.

[196] Secretaria nacional de Defesa civil. *Nota de Esclarecimento – Recursos de Defesa Civil*, 27/07/2012. Disponível em: <http://www.defesacivil.gov.br/noticias/noticia.asp?id=7295>. Acesso em agosto de 2012.

Tabela 5 – Distribuição de recursos para ações de emergência e recuperação pela Medida Provisória 569 de 2012.

Ações	Total do crédito	Total empenhado	Total pago
Socorro, Assistência e Restabelecimento.	200.000.000,00	130.558.829,16	106.645.629,16
Reconstrução de Áreas Atingidas.	200.000.000,00	71.326.824,76	20.090.929,43
Total	400.000.000,00	201.885.653,90	126.736.558,59

Ainda que a noção de coletividade e de tutela coletiva seja mais presente no Direito dos Desastres, a compensação é ponto fulcral deste ramo por ser a fase do círculo de gestão dos riscos onde a preocupação do gestor (público ou privado) e do legislador deve-se reportar à vítima em sua individualidade. O foco de atuação da compensação é diverso da prevenção, mitigação, resposta de emergência e reconstrução. Enquanto a compensação reflete de forma direita na resiliência das vítimas, as demais fases implicam a recomposição e redução das vulnerabilidades locais e dos sistemas, abrangendo as pessoas de forma indireta.

Dada a ausência de previsão legislativa sobre seguro para desastres no Brasil, ao Judiciário tem cabido decidir questões envolvendo a compensação de vítimas. Os pedidos das ações judiciais nesses casos têm aparecido intrinsecamente ligados à responsabilidade civil do Estado, questão que será verificada no capítulo 3 desta obra.

2.1.4. Reconstrução

Para a legislação brasileira, a reconstrução visa à recuperação da área afetada, compreendendo esta a reconstrução plena dos serviços públicos, da economia da área, do moral social, do bem-estar da população afetada.[197] Note-se uma omissão evidente quanto à previsão expressa de recuperação dos aspectos naturais do meio ambiente afetado por um desastre, visto que este será fundamental para diminuição da vulnerabilidade e incremento da capacidade de resiliência da comunidade local atingida.

---

[197] Política Nacional de Defesa Civil (publicado no Diário Oficial da União nº 1, em 2 de janeiro de 1995, através da resolução nº 2 de 12 de dezembro de 1994), disponível em: <http://www.defesacivil.gov.br/codar/index.asp>. Acesso em 21.10.2011. Artigos 3, 4, 20, 21 da Lei 12.608/2012.

A fase de reconstrução e recuperação adquire um papel, também, chave no encadeamento temporal de um desastre, vez que neste devem já estar inseridas estratégias interconectadas de prevenção a possíveis futuros eventos desastrosos. Neste sentido, a reconstrução deve ser antecipada pela reflexão acerca da viabilidade e segurança das novas construções, ante a necessidade de mitigar riscos futuros.[198] Assimilar as implicações de uma catástrofe significa assegurar que a comunidade disponha de mecanismos necessários para, dentro do possível, continuar funcionando durante e após a sua ocorrência. Isso tem a ver com a utilização dos recursos locais a fim de minimizar perdas e evitar o rompimento do sistema social e econômico da(s) localidade(s) afetada(s).

2.2. A governança dos desastres no Brasil

A partir do ano de 2010, o Brasil passou a ter que enfrentar um atípico, severo e recorrente cenário de desastres. A primeira medida executiva desse contexto foi o Decreto n. 7.513/2011, que determinou o desenvolvimento de um Sistema Nacional de Monitoramento e Alertas de Desastres Naturais. Dentre as ações estabelecidas para o funcionamento do Sistema, foi criado o Centro Nacional de Monitoramento e Alertas de Desastres Naturais – Cemaden. Vinculado à Secretaria de Políticas e Programas de Pesquisas e Desenvolvimento – Seped –, do Ministério da Ciência, Tecnologia e Integração, o Cemaden possui as seguintes competências: desenvolver, testar e implementar um sistema de previsão de ocorrência de desastres naturais em áreas suscetíveis a risco de todo o Brasil. Auxiliar as ações preventivas e possibilitar a identificação das vulnerabilidades no uso e ocupação do solo, com destaque para o planejamento urbano e a instalação de infraestruturas. Atuar no aumento da consciência e consequente prontidão da população em risco, induzindo ações efetivas e antecipadas de prevenção e redução de danos. Além disso, visa a gerenciar informações emitidas por radares, pluviômetros e previsões climáticas e tem as seguintes atribuições: I – elaborar alertas de desastres naturais relevantes para ações de proteção e de defesa civil no território nacional; II – elaborar e divulgar estudos visando à produção de informações necessárias ao

---

[198] A Política Nacional de Defesa Civil prevê, de forma acanhada mas pertinente, que a fase de recuperação confunde-se com a prevenção aos desastres ao procurar "recuperar ecossistemas; reduzir as vulnerabilidades; racionalizar o uso do solo e do espaço geográfico; relocar populações em áreas de menor risco; modernizar as instalações e reforçar as estruturas". Política Nacional de Defesa Civil, publicado no Diário Oficial da União n° 1, em 2 de janeiro de 1995, p. 18, através da resolução n° 2 de 12 de dezembro de 1994), disponível no site da defesa civil em <http://www.defesacivil.gov.br/codar/index.asp>. Acesso em 21.10.2011.

planejamento e à promoção de ações contra desastres naturais; III – desenvolver capacidade científica, tecnológica e de inovação para continuamente aperfeiçoar os alertas de desastres naturais; IV – desenvolver e implementar sistemas de observação para o monitoramento de desastres naturais; V – desenvolver e implementar modelos computacionais para desastres naturais; VI – operar sistemas computacionais necessários à elaboração dos alertas de desastres naturais; VII – promover capacitação, treinamento e apoio a atividades de pós-graduação, em suas áreas de atuação; e VIII – emitir alertas de desastres naturais para o Centro Nacional de Gerenciamento de Riscos e Desastres – CENAD –, do Ministério da Integração Nacional, auxiliando o Sistema Nacional de Defesa Civil.[199]

O núcleo do sistema foi instalado no município de Cachoeira Paulista – SP. O projeto deve ser concluído em 4 (quatro) anos e tem previsão de 250 milhões em investimentos. Em atendimento à designação da Casa Civil, o CEMADEN atualmente monitora 109 municípios nas regiões Sul (23), Sudeste (75), Norte (02) e Nordeste (09). A condição básica para um município ser monitorado pelo centro é possuir um mapeamento de suas áreas de risco de deslizamentos em encostas, de alagamentos e de enxurradas, além da estimativa da extensão dos prováveis danos decorrentes de um desastre natural. Conforme pode ser visualizado pelo mapa representado pela figura 2, na página seguinte, a região do Sul do país possui 23 municípios em monitoramento, 7 deles localizados no Rio Grande do Sul.[200]

---

[199] BRASIL. *Decreto 7.513 de 1º de julho de 2011*. Altera o Decreto no 5.886, de 6 de setembro de 2006, que aprova a Estrutura Regimental e o Quadro Demonstrativo dos Cargos em Comissão e das Funções Gratificadas do Ministério da Ciência e Tecnologia, e dispõe sobre o remanejamento de cargos em comissão. Braília/DF, 1º de julho de 2011. Disponível em: <http://www.planalto.gov.br/CCIVIL_03/_Ato2011-2014/2011/Decreto/D7513.htm>. Acesso em: 15 set. 2011. Para atingir a tais metas, o primeiro passo é a identificação das aeras de riscos em relevos, coberturas vegetais e composição dos solos. No projeto do governo federal está previsto o mapeamento de cerca de 500 áreas de risco em encostas e 300 áreas em inundações. O projeto prevê, ainda, nvestimentos em estrutura e equipamentos de monitoramento como: radares e pluviômetros.

[200] Centro Nacional de Monitoramento e Alerta de Desastres Naturais. Disponível em: <http://www.cemaden.gov.br/municipiosprio.php#>. Acesso em abril e 2012.

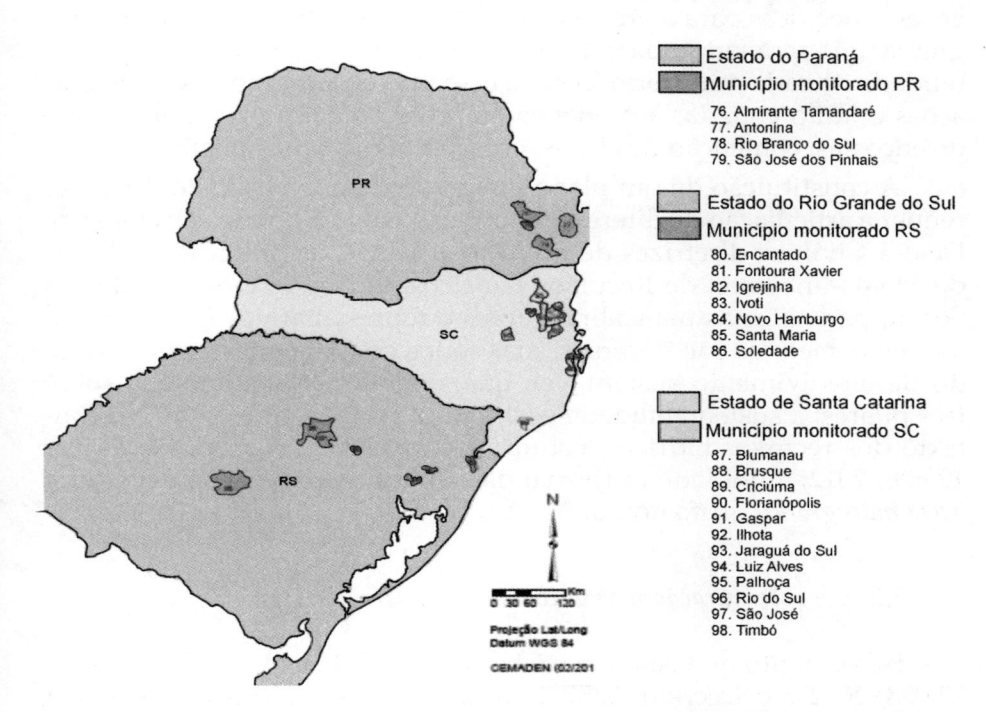

Figura 2 – Áreas de risco monitoradas pelo Cemaden

Estado do Paraná
Município monitorado PR
76. Almirante Tamandaré
77. Antonina
78. Rio Branco do Sul
79. São José dos Pinhais

Estado do Rio Grande do Sul
Município monitorado RS
80. Encantado
81. Fontoura Xavier
82. Igrejinha
83. Ivoti
84. Novo Hamburgo
85. Santa Maria
86. Soledade

Estado de Santa Catarina
Município monitorado SC
87. Blumanau
88. Brusque
89. Criciúma
90. Florianópolis
91. Gaspar
92. Ilhota
93. Jaraguá do Sul
94. Luiz Alves
95. Palhoça
96. Rio do Sul
97. São José
98. Timbó

O aspecto da governança dos desastres envolve uma grande gama de atuações que podem ser divididas em: planejamento, execução e informação. As primeiras reúnem os planos de prevenção, contingência e resiliência, os quais são geralmente executados pela Defesa Civil dos entes federativos e englobam, dentre outras medidas, o investimento em sistemas de alerta e monitoramento. As segundas, dizem respeito à identificação e mapeamento das áreas de risco, à fiscalização e proteção de áreas verdes e vulneráveis, ao planejamento ou replanejamento das cidades a partir dos aprendizados impostos por desastres anteriores, à definição e execução eficiente de políticas públicas aptas a mitigar as causas mais comuns dos desastres.[201]

Uma das etapas mais importantes dessa conjuntura governamental antidesastres é a expressa definição de atribuições dos entes e órgãos envolvidos no processo de identificação das áreas de risco e redução das vulnerabilidades. Nessa ceara, a mais recente ação do Poder Execu-

---

[201] Um exemplo no Brasil deste tipo de atuação é o Plano de Ação para a Prevenção e Controle do desmatamento na Amazônia Legal, elaborado pelo Grupo Permanente de Trabalho interministerial para a Redução dos Índices de Desmatamento da Amazônia Legal. Brasília, 2004. Disponível em: <http://www.planalto.gov.br/casacivil/desmat.pdf>.

tivo é o Programa de Aceleração do Crescimento (PAC), que vai reunir ações específicas para a prevenção de desastres naturais no país. O programa, que será lançado em breve, definirá de forma clara a responsabilidade de cada ministério frente a esse tipo de situação. As principais ações estarão voltadas à drenagem, à proteção de morros e ao reforço de encostas, contenção de cheias, erosão pluvial e marinha.[202]

A constituição de um plano integrado de prevenção de desastres requer a articulação de diferentes políticas, como a Política Nacional de Defesa Civil, as diretrizes de políticas urbanas, as políticas nacionais de Meio Ambiente, de Recursos Hídricos, de Saúde e de Assistência Social, para citar as mais abrangentes e representativas neste contexto. Seus objetivos são diversos, mas todos convergentes para a busca do desenvolvimento sustentável, que assenta necessariamente sobre três pilares: a sustentabilidade econômica, social e ambiental. No contexto dos recursos hídricos, conforme leitura do artigo 4º, IV, da Lei 12.608/2012, a unidade territorial da política de prevenção deve ser a *bacia hidrográfica* (grifo nosso).[203]

2.2.1. A estruturação normativa dos desastres no Brasil

Sob o ponto de vista da legislação ordinária, as Leis 12.340/2010, 12.608/2012 e o Decreto 7.257/2010 aglutinam a previsão legislativa sobre desastre no Brasil. A Lei 12.340/2010 "dispõe sobre as transferências de recursos da União aos órgãos e entidades dos Estados, Distrito Federal e Municípios para a execução de ações de resposta e recuperação nas áreas atingidas por desastre, e sobre o Fundo Especial para Calamidades Públicas".[204]

A Lei 12.608/2012, "institui a Política Nacional de Proteção e Defesa Civil – PNPDEC; dispõe sobre o Sistema Nacional de Proteção e Defesa Civil – SINPDEC e o Conselho Nacional de Proteção e Defesa Civil – CONPDEC; autoriza a criação de sistema de informações e monitoramento de desastres; altera as Leis 12.340, de 1º de dezembro de 2010, 10.257, de 10 de julho de 2001, 6.766, de 19 de dezembro de 1979, 8.239, de 4 de outubro de 1991, e 9.394, de 20 de dezembro de 1996; e dá outras providências".

---

[202] CRAIDE, Sabrina. Governo vai lançar PAC para prevenção de desastres naturais. Agência Brasil. 28/05/2012. Disponível em: <http://agenciabrasil.ebc.com.br/noticia/2012-05-28/governo-vai-lancar-pac-para-prevencao-de-desastres-naturais>. Acesso em: 08/08/2012.

[203] Art. 4º São diretrizes da PNPDEC: (...) IV – adoção da bacia hidrográfica como unidade de análise das ações de prevenção de desastres relacionados a corpos d'água. (...)

[204] Redação alterada pela Lei 12.608/2012.

Pioneira em termos legislativos sobre desastres ambientais no Brasil, a Lei 12.340/2010 foi alvo de inúmeras proposições legislativas de alteração e revogação. Como consequência, a maioria de seus artigos foi revogada ou recebeu nova redação devido à publicação e entrada em vigor da Lei 12.608/2012. As rejeições e críticas sofridas pela lei de 2010 originaram-se do excesso de preocupação com as medidas pós--desastre em detrimento da gestão dos riscos com vistas à prevenção e à precaução. Atualmente, a Lei 12.340/2010 segue dispondo principalmente acerca dos seguintes aspectos: suporte financeiro do Poder Executivo Federal aos demais entes federativos afetados por desastre; requisitos para a transferência de recursos, fiscalização dos repasses de valores entre os entes federados, cadastro nacional de municípios com áreas suscetíveis à ocorrência de deslizamentos de grande impacto e inundações bruscas ou processos geológicos ou hidrológicos correlatos.

2.2.2. Requisitos para o reconhecimento da situação de desastre e liberação de recursos

A Lei 12.340/2012 define como obrigatória a atuação financeira da União[205] perante os demais entes da federação diante de situações de emergência ou calamidade pública e estabelece critérios para que um ente federado tenha sua situação de desastre reconhecida. É o que se observa pela redação do art. 3º, § 1º:[206]

> Art. 3º O Poder Executivo federal apoiará, de forma complementar, os Estados, o Distrito Federal e os Municípios em situação de emergência ou estado de calamidade pública, por meio dos mecanismos previstos nesta Lei.
>
> § 1º O apoio previsto no *caput* será prestado aos entes que tiverem a situação de emergência ou estado de calamidade pública reconhecidos pelo Poder Executivo federal.
>
> § 2º O reconhecimento previsto no § 1º dar-se-á mediante requerimento do Poder Executivo do Estado, do Distrito Federal ou do Município afetado pelo desastre.

---

[205] Art. 3º O Poder Executivo federal apoiará, de forma complementar, os Estados, o Distrito Federal e os Municípios em situação de emergência ou estado de calamidade pública, por meio dos mecanismos previstos nesta Lei. Esta lei revoga o artigo 51 da lei 11.775/2008.

[206] Semelhantemente, porém de forma menos detalhada, o Decreto 7257/2010, em seu artigo 1º, já trazia esta definição. Art. 1º O Poder Executivo federal apoiará, de forma complementar, os Estados, o Distrito Federal e os Municípios em situação de emergência ou estado de calamidade pública, provocados por desastres. BRASIL. *Decreto 7.257/2010*. Regulamenta a Medida Provisória no 494 de 2 de julho de 2010, para dispor sobre o Sistema Nacional de Defesa Civil – SINDEC, sobre o reconhecimento de situação de emergência e estado de calamidade pública, sobre as transferências de recursos para ações de socorro, assistência às vítimas, restabelecimento de serviços essenciais e reconstrução nas áreas atingidas por desastre, e dá outras providências. Brasília/DF, 04 de agosto de 2010. Disponível em: <http://www.planalto.gov.br/ccivil_03/_ato2007-2010/2010/Decreto/D7257.htm>. Acesso em: 15 agosto de 2012.

Por estado de calamidade pública entende-se a situação anormal, provocada por desastres, causadora de danos e prejuízos que impliquem o comprometimento substancial da capacidade de resposta do poder público do ente atingido. Na situação de emergência também há situação anormal, provocada por desastres, mas os danos e prejuízos implicam o comprometimento parcial da capacidade de resposta do poder público do ente atingido.[207] Independente da diferença de definição, ambos são requisitos para o reconhecimento da situação de desastre e subsequente remessa de valores do governo federal aos demais entes federativos.

O reconhecimento da situação de emergência ou do estado de calamidade pública pelo Poder Executivo federal se dará mediante requerimento do Poder Executivo do Estado, do Distrito Federal ou do Município afetado pelo desastre. O requerimento deverá ser realizado diretamente ao Ministério da Integração Nacional, no prazo máximo de dez dias após a ocorrência do desastre, devendo ser instruído com ato do respectivo ente federado que decretou a situação de emergência ou o estado de calamidade pública e conter as seguintes informações: (*i*) tipo do desastre, de acordo com a codificação de desastres, ameaças e riscos, definida pelo Ministério da Integração Nacional; (*ii*) data e local do desastre; (*iii*) descrição da área afetada, das causas e dos efeitos do desastre; (*iv*) estimativa de danos humanos, materiais, ambientais e serviços essenciais prejudicados; (*v*) declaração das medidas e ações em curso, capacidade de atuação e recursos humanos, materiais, institucionais e financeiros empregados pelo respectivo ente federado para o restabelecimento da normalidade; (*vi*) outras informações disponíveis acerca do desastre e seus efeitos.[208] O cumprimento dos requisitos e informações fornecidas pelos entes federados será publicizado por meio de Portaria.[209] A exigência de comprovação desses critérios é a

---

[207] Cfme art. 2 °, III e IV, do Decreto 7.257/2010. BRASIL. Decreto 7.257/2010. Regulamenta a Medida Provisória no 494 de 2 de julho de 2010, para dispor sobre o Sistema Nacional de Defesa Civil – SINDEC, sobre o reconhecimento de situação de emergência e estado de calamidade pública, sobre as transferências de recursos para ações de socorro, assistência às vítimas, restabelecimento de serviços essenciais e reconstrução nas áreas atingidas por desastre, e dá outras providências. Brasília/DF, 04 de agosto de 2010. Disponível em: <http://www.planalto.gov.br/ccivil_03/_ato2007-2010/2010/Decreto/D7257.htm>. Acesso em: 15 agosto de 2012.

[208] Idem, conforme artigo 7°, § 1° e incisos do Decreto 7.257/2010. BRASIL. Decreto 7.257/2010. Regulamenta a Medida Provisória no 494 de 2 de julho de 2010, para dispor sobre o Sistema Nacional de Defesa Civil – SINDEC, sobre o reconhecimento de situação de emergência e estado de calamidade pública, sobre as transferências de recursos para ações de socorro, assistência às vítimas, restabelecimento de serviços essenciais e reconstrução nas áreas atingidas por desastre, e dá outras providências. Brasília/DF, 04 de agosto de 2010. Disponível em: <http://www.planalto.gov.br/ccivil_03/_ato2007-2010/2010/Decreto/D7257.htm>. Acesso em: 15 agosto de 2012.

[209] Idem, conforme artigo 7°, § 2°.

regra geral, que poderá ser excetuada dependendo da intensidade do desastre e seus impactos social, econômico e ambiental, casos em que o Ministério da Integração Nacional reconhecerá, independentemente do fornecimento das informações anteriormente enumeradas, a situação de emergência ou o estado de calamidade pública com base no Decreto do respectivo ente federado.[210]

Em caso de resposta e recuperação de desastres, a União deverá transferir valores para os Estados e Municípios atingidos.[211] O repasse com o objetivo de *resposta e recuperação* será depositado em conta-corrente do ente federado (instituição financeira oficial federal) beneficiário que atender aos requisitos legais. Para o fim de recuperação, a apresentação de um plano de trabalho, no prazo máximo de 90 dias da ocorrência do desastre, é condição de possibilidade estabelecida pela Lei.[212] O mesmo requisito deve ser atendido nos casos de transferências de recursos voltadas à execução de *ações de reconstrução*. Nesse caso, todavia, o prazo para a apresentação do plano é de até quarenta e cinco dias após o reconhecimento da situação de emergência ou do estado de calamidade pública.[213]

Nos casos de ações de socorro,[214] ações de assistência às vítimas[215] e de restabelecimento de serviços essenciais,[216] o pagamento das despesas realizadas pelo ente beneficiário com os recursos transferidos pelo Ministério da Integração Nacional será efetuado por meio do Cartão de Pagamento de Defesa Civil – CPDC –, vinculado à conta específi-

---

[210] Ibidem, cfe artigo 7º, § 3º.

[211] Conforme art. 4º da Lei 12.340/2010.

[212] Conforme art. 4º, §§ 1º e 2º, da Lei 12.340/2010 e artigo 9º, parágrafo único do Decreto 7.257/2010.

[213] Conforme art. 10 do Decreto 7.257/2010.

[214] Ações imediatas de resposta aos desastres com o objetivo de socorrer a população atingida, incluindo a busca e salvamento, os primeiros-socorros, o atendimento pré-hospitalar e o atendimento médico e cirúrgico de urgência, entre outras estabelecidas pelo Ministério da Integração Nacional. Conforme artigo 2º, V, do Decreto 7.257/2010.

[215] Ações imediatas destinadas a garantir condições de incolumidade e cidadania aos atingidos, incluindo o fornecimento de água potável, a provisão e meios de preparação de alimentos, o suprimento de material de abrigamento, de vestuário, de limpeza e de higiene pessoal, a instalação de lavanderias, banheiros, o apoio logístico às equipes empenhadas no desenvolvimento dessas ações, a atenção integral à saúde, ao manejo de mortos, entre outras estabelecidas pelo Ministério da Integração Nacional. Conforme artigo 2º, VI, do Decreto 7.257/2010.

[216] Ações de caráter emergencial destinadas ao restabelecimento das condições de segurança e habitabilidade da área atingida pelo desastre, incluindo a desmontagem de edificações e de obras de arte com estruturas comprometidas, o suprimento e distribuição de energia elétrica, água potável, esgotamento sanitário, limpeza urbana, drenagem das águas pluviais, transporte coletivo, trafegabilidade, comunicações, abastecimento de água potável e desobstrução e remoção de escombros, entre outras estabelecidas pelo Ministério da Integração Nacional. Conforme artigo 2º, VII, do Decreto 7.257/2010.

ca mantida em instituição financeira oficial federal. O CPDC é instrumento de pagamento emitido em nome do ente federativo, ficando o representante legal do órgão ou entidade beneficiário responsável pela administração dos recursos do CPDC.[217]

A aplicação dos recursos será, ainda, fiscalizada pelo órgão central do sistema nacional de proteção e defesa civil, com a possibilidade de suspensão em caso de má utilização do dinheiro.[218] Há, também, a possibilidade de perda dos efeitos do ato administrativo que tenha autorizado a realização da transferência ao ente federado, se constatada, a qualquer tempo, a presença de vícios nos documentos apresentados, ou a inexistência do estado de calamidade pública ou da situação de emergência declarados. Nesse último caso, o ente beneficiário fica obrigado a devolver os valores repassados, devidamente atualizados.[219]

2.2.3. O cadastro nacional de informações e o papel dos municípios

A Lei 12.340/2012 originariamente trabalhava com situações pós-desastre, mas pela redação dos artigos 3º-A e 3º-B, incluídos pela Lei 12.680/2012, passou a estabelecer obrigações aos municípios com vistas a *prevenir* a ocorrência desses eventos.[220]

Nesse sistema, caberá ao Governo Federal a instituição de um cadastro nacional de municípios com características especiais, quais se-

---

[217] Conforme artigo 9º-A, parágrafo único, do Decreto 7.257/2010.

[218] Conforme art. 4º, §§ 1º e 2º, da Lei 12.340/2010.

[219] Conforme artigo 5º, §§ 1º e 2º, da Lei 12.340/2010.

[220] Em que pese a novidade da lei, a adaptação dos municípios brasileiros quanto à elaboração de planos de desastres naturais é bastante deficitária. Pesquisa divulgada pelo IBGE (Instituto Brasileiro de Geografia e Estatística) revela que, em 2011, apenas 6,2% dos 5.565 municípios brasileiros tinham plano municipal de redução de riscos relacionados a desastres naturais, como enchentes, deslizamentos de terra e secas. Em outros 10,1%, o plano estava em processo de elaboração. Segundo a Munic (Pesquisa de Informações Básicas Municipais), que coletou os dados junto às prefeituras, a existência de planos para a prevenção e a resposta a desastres era mais comum nos municípios mais populosos. Entre aqueles com mais de 500 mil habitantes, o índice chegava a 52,6%. Regionalmente, também foram constatadas diferenças: enquanto no Sudeste 9,6% das prefeituras informaram dispor de um plano de ações coordenadas para esses casos, no Sul foram apenas 4,4%, e no Nordeste, 4,7%. O instituto também constatou que, apesar de a existência de planos para a área ser muito pequena, a proporção dos que disseram adotar ações de gerenciamento de riscos de deslizamento e recuperação ambiental de caráter preventivo, mesmo que de forma isolada, chegou a 32,6%, o que equivale a 1.812 municípios. Segundo a pesquisa, as ações realizadas com mais frequência foram de drenagem urbana (citada por 62,6% dos 1.812 municípios) e construção de redes e galerias para o escoamento de águas pluviais (60,2%). Apenas 6,2% das prefeituras têm plano para desastres naturais. *Folha de São Paulo*. 13/11/2012. Disponível em: <http://www1.folha.uol.com.br/cotidiano/1184664-apenas-62-das-prefeituras-tem-plano-para-desastres-naturais.shtml>. Acesso em: 12/11/2012.

jam: áreas suscetíveis à ocorrência de deslizamentos de grande impacto, inundações bruscas ou processos geológicos ou hidrológicos correlatos é um bom exemplo.[221] A inscrição do municípios neste cadastro, que objetiva tornar-se uma rede nacional de informações, dar-se-á por iniciativa do município ou mediante indicação dos demais entes federados.[222] O município que se cadastrar deverá cumprir (com o devido apoio da União e dos Estados),[223] uma série de determinações adaptativas, tais como: (*i*) a elaboração de mapeamento de áreas suscetíveis à ocorrência de deslizamentos de grande impacto, inundações bruscas ou processos geológicos ou hidrológicos correlatos; (*ii*) a elaboração de Plano de Contingência de Proteção e Defesa Civil[224] e a instituição de órgãos municipais de defesa civil; (*iii*) criação de mecanismos de controle e fiscalização para evitar a edificação em áreas suscetíveis à ocorrência de deslizamentos de grande impacto, inundações bruscas ou processos geológicos ou hidrológicos correlatos; (*iv*) elaboração de carta geotécnica de aptidão à urbanização, estabelecendo diretrizes urbanísticas voltadas para a segurança dos novos parcelamentos do solo e para o aproveitamento de agregados para a construção civil, dentre outros.[225]

A atuação municipal não cessa por aí. A lei estabelece que medidas preventivas devam ser tomadas pelo ente federado quando da constatação de áreas de risco de desastre em seu território. Dentre as providências para redução do risco estão a execução de plano de contingência, obras de segurança e, quando necessário, a remoção de edificações e o reassentamento dos ocupantes em local seguro.[226] Em caso de necessidade de remoção de moradias em áreas de risco, a lei estabelece um procedimento a ser observado pelos municípios, o qual reúne um somatório de: técnica;[227] informação;[228] práticas voltadas ao

---

[221] Conforme art. 3º-A. (Incluído pela Lei 12.608, de 2012).

[222] Conforme art. 3º-A, § 1º da Lei 12.340/2010. (Incluído pela Lei nº 12.608, de 2012).

[223] Conforme art. 3º-A, § 3º. (Incluído pela Lei nº 12.608, de 2012).

[224] Art. 3º-A , § 6º O Plano de Contingência de Proteção e Defesa Civil será elaborado no prazo de 1 (um) ano, sendo submetido a avaliação e prestação de contas anual, por meio de audiência pública, com ampla divulgação.

[225] Art. 3º-A, § 2º, incisos I a IV. (Incluído pela Lei nº 12.608, de 2012).

[226] Conforme art. 3º-B da Lei 12.340/2010.

[227] Conforme art. 3º-B, I, Lei 12.340/2010. – realização de vistoria no local e elaboração de laudo técnico que demonstre os riscos da ocupação para a integridade física dos ocupantes ou de terceiros.

[228] Conforme art. 3º-B, II, Lei 12.340/2010. – notificação da remoção aos ocupantes acompanhada de cópia do laudo técnico e, quando for o caso, de informações sobre as alternativas oferecidas pelo poder público para assegurar seu direito à moradia.

futuro com vistas a evitar a repetição do mesmo cenário;[229] e garantia de prestação Estatal de atendimento ao direito fundamental à moradia.[230]

2.2.4. Fundo Especial para Calamidades Públicas – FUNCAP

Ainda no que concerne à fase de recuperação de um desastre, a Lei 12.340/2010 revogou o Decreto-Lei n. 950, de 13 de outubro de 1969, que instituía o Fundo Especial para Calamidades Públicas – FUNCAP – e deu-lhe nova redação. De natureza contábil e financeira, o fundo tem como finalidade o custeio de ações de reconstrução em áreas atingidas por desastres dos entes federados que tiverem a situação de emergência ou estado de calamidade pública reconhecidos.[231] O patrimônio do fundo é constituído por cotas a serem integralizadas, voluntária e anualmente, pela União, Estados, Distrito Federal e Municípios,[232] que somente poderão retirá-las em duas situações: após 2 (dois) anos da data de integralização ou, *excepcionalmente,* nas seguintes circunstâncias: para custear ações imediatas de socorro, assistência às vítimas e restabelecimento de serviços essenciais em áreas afetadas por desastres dos entes cotistas.[233]

2.2.5. Lei 12.608/2012 e a Política Nacional de Proteção e Defesa Civil do Brasil

A Lei 12.608/2012 parte, positivamente, de uma perspectiva estrutural, sistêmica e articulada entre os entes federados, o que é extrema importância para a formação de um direito dos desastres.[234] Sua redação abrange disposições sobre: objetivos e diretrizes da Política Nacional de Proteção e Defesa Civil; competências dos entes federados; a criação de sistema de informações de monitoramento de desastres; a vinculação dos programas habitacionais dos entes federados à prevenção dos desastres; define quem são os agentes de proteção e defesa

---

[229] Conforme art. 3º-B, § 2º, Lei 12.340/2010. Na hipótese de remoção das edificações, deverão ser adotadas medidas que impeçam a reocupação da área.

[230] § 3º Aqueles que tiverem suas moradias removidas deverão ser abrigados, quando necessário, e cadastrados pelo Município para garantia de atendimento habitacional em caráter definitivo, de acordo com os critérios dos programas públicos de habitação de interesse social.

[231] Conforme art. 8º, Lei 12.340/2010.

[232] Art. 9º, Lei 12.340/2010.

[233] Art. 9º, § 4º, e 13, Lei 12.340/2010.

[234] Art. 1º.

civil; a adaptação da ordem urbanística aos riscos de desastres; dentre outros.

Desde as disposições gerais é possível perceber que a lei inova em relação à dogmática jurídica tradicional ambiental, pois reúne em um mesmo capítulo os termos risco e incerteza. Não bastasse essa combinação, bastante apropriada quando o assunto é desastre, o artigo 2°, § 2°, chancela sob o ponto de vista legislação ordinária uma das bases mais fundamentais de um sistema antidesastres: *a precaução*. Essa última vem duplamente qualificada pelo legislador. Em um primeiro momento é posta como dever dos entes da federação, entidades públicas, privadas e da sociedade em geral. Assim, a adoção de medidas necessárias à redução dos riscos de desastres é obrigação de cada um e todos ao mesmo tempo.[235] Em um segundo momento, suplanta as alegações e justificativas de má ação ou omissão em função da dificuldade concreta (científica) de definição quanto à magnitude/probabilidade de um evento potencialmente desastroso. Significa dizer que incerteza quanto ao risco de desastre não é razão para não ação.[236] Muito antes pelo contrário, pois muitos casos de desastres apresentam baixa probabilidade e alta magnitude de impacto.

Além de preventiva por excelência, a PNPDC, nos mesmos moldes do que evidenciava o Plano Nacional de Defesa Civil no âmbito administrativo (PNDC), abrange ações de mitigação, preparação, resposta e recuperação, sendo que a possibilidade de materialização dessas ações pode ser observada nos objetivos expostos pelo artigo 5°.[237]

---

[235] Art. 2°.

[236] Art. 2°, § 2°.

[237] Art. 5°. São objetivos da PNPDEC: I – reduzir os riscos de desastres; II – prestar socorro e assistência às populações atingidas por desastres; III – recuperar as áreas afetadas por desastres; IV – incorporar a redução do risco de desastre e as ações de proteção e defesa civil entre os elementos da gestão territorial e do planejamento das políticas setoriais; V – promover a continuidade das ações de proteção e defesa civil; VI – estimular o desenvolvimento de cidades resilientes e os processos sustentáveis de urbanização; VII – promover a identificação e avaliação das ameaças, suscetibilidades e vulnerabilidades a desastres, de modo a evitar ou reduzir sua ocorrência; VIII – monitorar os eventos meteorológicos, hidrológicos, geológicos, biológicos, nucleares, químicos e outros potencialmente causadores de desastres; IX – produzir alertas antecipados sobre a possibilidade de ocorrência de desastres naturais; X – estimular o ordenamento da ocupação do solo urbano e rural, tendo em vista sua conservação e a proteção da vegetação nativa, dos recursos hídricos e da vida humana; XI – combater a ocupação de áreas ambientalmente vulneráveis e de risco e promover a realocação da população residente nessas áreas; XII – estimular iniciativas que resultem na destinação de moradia em local seguro; XIII – desenvolver consciência nacional acerca dos riscos de desastre; XIV – orientar as comunidades a adotar comportamentos adequados de prevenção e de resposta em situação de desastre e promover a autoproteção; e XV – integrar informações em sistema capaz de subsidiar os órgãos do SINPDEC na previsão e no controle dos efeitos negativos de eventos adversos sobre a população, os bens e serviços e o meio ambiente.

As diretrizes da política nacional estão voltadas à: (*i*) atuação integrada,[238] articulada[239] e sistêmica;[240] (*ii*) planejamento estudioso e científico sobre áreas de risco, o que engloba também as bacias hidrográficas como unidade de análise das ações de prevenção de desastres relacionados a corpos d'água,[241] e a (*iii*) participação da sociedade civil.[242]

A lei inova, ainda, ao definir a competência dos entes da federação em caso de desastre. O artigo 9º estabelece o que se pode denominar de "competência comum", onde podem ser observadas atribuições ligadas ao desenvolvimento e estímulo de uma cultura e comportamento nacional preventivo a desastres, bem como a medidas de segurança em hospitais e escolas situados em áreas de risco, à capacitação de pessoal para ações de proteção e de defesa, e ao fornecimento de dados ao sistema nacional de informações e monitoramento de desastres. Já os artigos 6º, 7º e 8º definem as competências específicas da União, Estados e Municípios, respectivamente, sendo que ao Distrito Federal se aplicam as mesmas competências atribuídas aos Estados e Municípios. A tabela 6 pretende ilustrá-las de maneira didática.

Tabela 6 – Competências legislativas em matéria de desastre
Elaborada pelos autores a partir da Lei 12.608/2012

COMPETÊNCIAS	U	E	M	DF
Expedição de normas de implementação e execução da PNPDC e coordenação do SNPDC	x			
Executar a PNPDC		x	x	x
Coordenar as ações do SNPDC		x	x	x
Instituir plano de proteção e defesa civil	x	x		x
Identificar e mapear as áreas de risco	x	x	x	x
Realizar estudos de identificação de ameaças, suscetibilidades e vulnerabilidades	x	x	x	x
Instituir e manter sistema de informações e monitoramento de desastres	x			

---

[238] Art. 3º, parágrafo único. A PNPDEC deve integrar-se às políticas de ordenamento territorial, desenvolvimento urbano, saúde, meio ambiente, mudanças climáticas, gestão de recursos hídricos, geologia, infraestrutura, educação, ciência e tecnologia e às demais políticas setoriais, tendo em vista a promoção do desenvolvimento sustentável.

[239] Art. 4º, I – atuação articulada entre a União, os Estados, o Distrito Federal e os Municípios para redução de desastres e apoio às comunidades atingidas.

[240] Art. 4º, II – abordagem sistêmica das ações de prevenção, mitigação, preparação, resposta e recuperação.

[241] Art. 4º, III, IV e V.

[242] Art. 4º, VI.

Ação			
Instituir e manter cadastro nacional de municípios com áreas suscetíveis à ocorrência de deslizamentos de grande impacto, inundações bruscas ou processos geológicos ou hidrológicos correlatos	x		
Instituir e manter sistema para declaração e reconhecimento de situação de emergência ou de estado de calamidade pública e estabelecer critérios e condições para tanto	x		
Fomentar a pesquisa sobre os eventos deflagradores de desastres	x		
Incentivar a instalação de centros universitários de ensino e pesquisa e núcleos multidisciplinares de ensino permanente e a distância, destinados à pesquisa, extensão e capacitação de recursos humanos, com vistas no gerenciamento e na execução de atividades de proteção e defesa civil	x		
Apoiar ao desenvolvimento de material didático-pedagógico relacionado ao desenvolvimento da cultura de prevenção de desastres	x		
Apoiar os Estados, o Distrito Federal e os Municípios no mapeamento das áreas de risco, nos estudos de identificação de ameaças, suscetibilidades, vulnerabilidades e risco de desastre e nas demais ações de prevenção, mitigação, preparação, resposta e recuperação	x		
Realizar o monitoramento meteorológico, hidrológico e geológico das áreas de risco, bem como dos riscos biológicos, nucleares e químicos, e produzir alertas sobre a possibilidade de ocorrência de desastres	x		
Realizar o monitoramento meteorológico, hidrológico e geológico das áreas de risco, em articulação com a União e os Municípios		x	
Apoiar a União, quando solicitado, no reconhecimento de situação de emergência e estado de calamidade pública		x	
Declarar, quando for o caso, estado de calamidade pública ou situação de emergência	x	x	x
Apoiar, sempre que necessário, os Municípios no levantamento das áreas de risco, na elaboração dos Planos de Contingência de Proteção e Defesa Civil e na divulgação de protocolos de prevenção e alerta e de ações emergenciais		x	
Incorporar as ações de proteção e defesa civil no planejamento municipal			x
Promover a fiscalização das áreas de risco de desastre e vedar novas ocupações nessas áreas			x
Vistoriar edificações e áreas de risco e promover, quando for o caso, a intervenção preventiva e a evacuação da população das áreas de alto risco ou das edificações vulneráveis			x
Organizar e administrar abrigos provisórios para assistência à população em situação de desastre, em condições adequadas de higiene e segurança			x	x
Manter a população informada sobre áreas de risco e ocorrência de eventos extremos, bem como sobre protocolos de prevenção e alerta e sobre as ações emergenciais em circunstâncias de desastres			x	x
Mobilizar e capacitar os radioamadores para atuação na ocorrência de desastre			x	x
Realizar regularmente exercícios simulados, conforme Plano de Contingência de Proteção e Defesa Civil			x	x
Promover a coleta, a distribuição e o controle de suprimentos em situações de desastre			x	x
Proceder à avaliação de danos e prejuízos das áreas atingidas por desastres			x	x
Manter a União e o Estado informados sobre a ocorrência de desastres e as atividades de proteção civil no Município			x	x

Estimular a participação de entidades privadas, associações de voluntários, clubes de serviços, organizações não governamentais e associações de classe e comunitárias nas ações do SINPDEC e promover o treinamento de associações de voluntários para atuação conjunta com as comunidades apoiadas			x	x
Prover solução de moradia temporária às famílias atingidas por desastres			x	x

Além da criação de um sistema nacional de defesa civil, sob o ponto de vista legislativo, do estabelecimento de competências, e da opção clara por uma principiologia de base cautelar e antecipatória, a Lei 12.608/2012 determina prioridade de atuação dos entes federados em algumas áreas específicas. Essas, por sua vez, conectam-se às questões sociais, econômicas e urbanísticas subjacentes aos desastres. Nesse contexto, destacam-se os programas sociais de habitação dos entes federativos que passam a ter de priorizar em seus planos de gestão a realocação de comunidades atingidas e de moradores de áreas de risco,[243] e a hipótese de transferência de recursos da União como incentivo aos Municípios que adquirirem terrenos destinados a programas de habitação de interesse social.[244]

2.2.6. Questões urbanísticas

A questão urbanística é ponto crucial na política nacional de proteção defesa civil, pois juntamente com outros fatores amplificadores, a ocupação irregular do solo urbano aparece em posição de destaque. Nessa ceara, a Lei 12.608/2012 alterou o Estatuto da Cidade (Lei 10.257/2001) por meio da inclusão de dois novos artigos: 42-A e 42-B. Ambos estabelecem novos requisitos no plano diretor do município, quais sejam: (*i*) obrigatório mapeamento das áreas de risco para os municípios que fizerem parte do cadastro nacional; (*ii*) estipulação de parâmetros de parcelamento, uso e ocupação do solo, que promovam a diversidade de seu uso e a contribuição para geração de emprego e renda; medidas de drenagem urbana, com vistas à prevenção e mitigação de impacto de desastres; (*iii*) planejamento de ações de prevenção e realocação de populações em áreas de risco; (*iv*) diretrizes para a regu-

---

[243] Art. 14. Os programas habitacionais da União, dos Estados, do Distrito Federal e dos Municípios *devem priorizar* a relocação de comunidades atingidas e de moradores de áreas de risco (grifo nosso).

[244] Art. 16. Fica a União autorizada a conceder incentivo ao Município que adotar medidas voltadas ao aumento da oferta de terra urbanizada para utilização em habitação de interesse social, por meio dos institutos previstos na Lei nº 10.257, de 10 de julho de 2001, na forma do regulamento. Parágrafo único. O incentivo de que trata o caput compreenderá a transferência de recursos para a aquisição de terrenos destinados a programas de habitação de interesse social.

lamentação fundiária de assentamentos irregulares, nos termos da Lei 11.977/2009 e previsão de áreas para habitação de interesse social (medidas previstas na nova redação do artigo 42-A da Lei 10.257/2001).[245]

Após a entrada em vigor da Lei 12.608/2012, a ampliação do perímetro urbano exige a elaboração de projeto específico, instituído por lei municipal em respeito ao respectivo plano diretor, que leve em consideração as seguintes questões: demarcação de novo perímetro urbano, com a delimitação de trechos com restrição à urbanização ou sujeita a controle especial em função da ameaça dos desastres; definição de parâmetros de parcelamento, uso e ocupação do solo capaz de promover diversidade de uso e promoção de emprego e renda; quando o uso habitacional for permitido, o projeto deverá contar com a previsão de zonas especiais de interesse social; levar em consideração a proteção do patrimônio ambiental, histórico e cultural; preocupar-se com a justa distribuição de ônus e benefícios e a recuperação do valor imobiliário nos casos de processos de reurbanização (medidas previstas na nova redação do artigo 42-B da lei 10.257/2001).

Como consequência da inclusão dos artigos 42-A e 42-B na Lei 10.257/2001, o art. 12 da Lei 6.766/79 (Parcelamento do Solo Urbano) ganha nova redação e, dentre outras definições, veda o desmembramento ou loteamento em áreas de risco definidas como não edificáveis, no plano diretor ou em legislação dele derivada.[246]

As diretrizes da política urbana previstas na Lei 10.257/2001 são alteradas devido à inclusão de mais uma alínea no inciso VI do artigo 2º. Segundo a inovação, a política urbana municipal terá também como objetivo a ordenação e controle do uso do solo, de forma a evitar: a exposição da população a riscos de desastres. Como consequência, fica vedada a concessão de licença ou alvará de construção em áreas de risco apontadas como não edificáveis pelo plano diretor.[247]

Sob essa ótica, passa a ser obrigatória a existência de Plano Diretor nas cidades incluídas no cadastro nacional de Municípios com áreas suscetíveis à ocorrência de deslizamentos de grande impacto, inundações bruscas ou processos geológicos ou hidrológicos correlatos.[248] Esse deverá ser compatível com as disposições do plano de recursos hídricos, elaborados nos termos da Lei 9.433/97.[249] O prazo para os municí-

---

[245] Artigo 26 da Lei 12.608/2012.

[246] Artigo 27 da Lei 12.608/2012.

[247] Art. 23. É vedada a concessão de licença ou alvará de construção em áreas de risco indicadas como não edificáveis no plano diretor ou legislação dele derivada.

[248] Alteração do artigo 41, VI, da Lei 10.257/2001, com a inclusão de mais um inciso (VI).

[249] Art. 26, § 2º.

pios que não tiverem plano diretor encaminharem sua aprovação pela câmara municipal é de 5 anos.[250]

Além do Estatuto da Cidade e da Lei do Parcelamento do Solo Urbano, outras legislações sofreram alterações em virtude da entrada em vigor da 12.608/2012. Dentre elas destaca-se: a Lei 8.239/91, cujo artigo o artigo 3º passa a vigorar acrescido dos §§ 4º e 5º, pois o treinamento para atuação em áreas atingidas por desastre, em situação de emergência e estado de calamidade, passa a fazer parte das opções de alternativa do serviço militar obrigatório alternativo; e a Lei 9.394/96 (estabelece as diretrizes e bases da educação nacional) que passa a incluir os princípios da proteção e defesa civil e da educação ambiental nos currículos do ensino fundamental e médio, de forma integrada aos conteúdos obrigatórios.

Em resumo, a lei possui predominantemente aspectos positivos, especialmente se comparada a sua antecessora, a Lei 12.340/2010. Seu ponto alto é a assimilação do que se pode denominar de "círculo de gestão do risco"[251] que deve permear todas as fases de um desastre ambiental, de forma sistêmica e circular.

Ponto nevrálgico e que precisa ser salientado diante desta estruturação legislativa de um Direito dos Desastres no Brasil é a ausência de preocupação com a normatização de desastres de origem não naturais e com a ausência de normatização em relação à compensação das vítimas. Ambas as leis em vigor na atualidade estão voltadas para os desastres denominados "climáticos" ou "extremos". Uma explicação para tanto pode ser a de que o Brasil tem sofrido mais com essa espécie de ocorrência. Há que se observar, entretanto, que a visão em relação à estruturação do direito dos desastres precisa ser sistêmica e levar em consideração amplas possibilidades de riscos, perigos e abarcar todas as fases de ocorrência, inclusive a compensação.

Nessa linha, outras duas questões também não trabalhadas pela Lei merecem atenção especial: a atividade nuclear, que parece bem viva no país (Angra III)[252] e os riscos catastróficos das atividades de-

---

[250] Art. 26, § 4º.

[251] FARBER, Daniel. Symposium Introduction: Navigating the Intersection of Environmental Law and Disaster Law.

[252] Apesar de o momento brasileiro ser de predominância de riscos naturais, de forma alguma se pode desconsiderar a potencialidade crescente dos ricos tecnológicos e nucleares no Brasil, afinal, Angra III segue seu curso normal, apesar da recomendação de suspensão das obras do Ministério Público Federal feitas à Comissão Nacional de Energia Nuclear (CNEN) e à Eletronuclear. O Ministério Público Federal (MPF) em Angra dos Reis, no Litoral Sul do Rio de janeiro, enviou uma recomendação, nesta quinta-feira (24), à Comissão Nacional de Energia Nuclear (CNEN) e à Eletronuclear para que as obras da usina de Angra III fossem suspensas imediatamente. O motivo, de acordo com o MPF, é o fato de a licença para a construção da usina ter sido concedida antes da

senvolvidas por empresas petrolíferas. Mormente em tempos de pré-sal,[253] a precaução, métodos e regras de segurança, técnica de gerenciamento de riscos, prevenção de perdas, estudos pré-perfuração e a logística de transporte de petróleo e derivados em alto-mar, dentre ou-

---

realização de uma análise probabilística de segurança e acidentes severos, o que viola uma exigência da Agência Internacional de Energia Atômica (AIEA). De acordo com o procurador, a decisão de começar as obras de Angra III sem a realização da análise, "se efetivamente implementada, pode trazer risco adicional e ilícito à população da região da Costa Verde e do Estado do Rio de Janeiro, e ao meio ambiente". O procurador complementa: "risco este que pode dar ensejo a pedidos de indenização por danos materiais e morais". Na recomendação, o MPF alega que, de acordo com a AIEA, o estudo deve ser elaborado antes da construção da usina e as conclusões devem ser levadas em conta na elaboração e aprovação do projeto. Segundo o MPF, a CNEN solicitou a realização do estudo, mas autorizou sua entrega após a construção. O procurador da República Fernando Amorim Lavieri, que assina a recomendação, contesta a decisão da Cnen. "Foge a qualquer critério de racionalidade admitir que estudos que devem ser considerados na aprovação/elaboração do projeto da usina sejam apresentados somente após sua construção", afirmou. O MPF ainda afirma que a emissão da licença "manifestamente contrária à legislação" pode implicar em responsabilidade pessoal dos servidores envolvidos pelos eventuais prejuízos ao patrimônio público e ao meio ambiente. Posteriormente, dado a desconsideração da recomendação, o Ministério Público Federal (MPF) em ação civil pública ajuizada contra a CNEN perante a 1ª Vara da Justiça Federal em Angra dos Reis sustentou que a expedição de licença contraria o disposto no artigo 7º da Lei nº 6.189/74, que não prevê expressamente a figura da licença parcial de construção, razão pela qual não caberia ao administrador criar nova figura mediante regulamento. Apontou ainda a inexistência de adequada fundamentação técnica para a concessão da licença. A Procuradoria Federal junto à CNEN e Procuradoria Regional Federal da 2ª Região (PRF2), em atuação conjunta, rebateram os argumentos sustentando que a Lei nº 6.189/74 prevê a possibilidade de concessão de licença para determinada finalidade específica, bem como que compete à Cnen expedir regulamentos e normas de proteção relativas à construção e à operação de estabelecimentos destinados a utilizar energia nuclear. Neste sentido, dadas as características e a complexidade do projeto/empreendimento e a experiência regulatória, a concessão de licença parcial, prevista em normas da CNEN, atende ao princípio da razoabilidade e da efetividade, pois, possibilita ao regulador maior poder de controle sobre as etapas de construção da usina nuclear. O Juízo da 1ª Vara Federal de Angra dos Reis acatou os argumentos das unidades jurídicas da AGU, salientando que a CNEN, ao prever em suas normas a licença parcial, agiu dentro dos limites do seu poder regulamentar. Desta forma, considerando os inúmeros pareceres técnicos que deram o suporte necessário para que a CNEN autorizasse o início das obras e que "ao Poder Judiciário é vedado, como regra, invadir o mérito dos atos praticados pela Administração", concluiu-se, em cognição sumária, que a Autarquia agiu com discricionariedade técnica e dentro dos parâmetros legais, razão pela qual foi indeferido o pedido de liminar do MPF. TABAK, Bernardo. Ministério Público Federal recomenda paralisação da construção de Angra III. *G1*, Rio de Janeiro, 24/06/2010. Disponível em: <http://g1.globo.com/rio-de-janeiro/noticia/2010/06/mpf-recomenda-paralisacao-da-construcao-de-angra-iii.html>. Acesso em 12 ago. 2010.

[253] O termo pré-sal refere-se a um conjunto de rochas localizadas nas porções marinhas de grande parte do litoral brasileiro, com potencial para a geração e acúmulo de petróleo. Convencionou-se chamar de pré-sal porque forma um intervalo de rochas que se estende por baixo de uma extensa camada de sal, que em certas áreas da costa atinge espessuras de até 2.000m. O termo pré é utilizado porque, ao longo do tempo, essas rochas foram sendo depositadas antes da camada de sal. A profundidade total dessas rochas, que é a distância entre a superfície do mar e os reservatórios de petróleo abaixo da camada de sal, pode chegar a mais de 7 mil metros. As maiores descobertas de petróleo, no Brasil, foram feitas recentemente pela Petrobras na camada pré-sal localizada entre os estados de Santa Catarina e Espírito Santo, onde se encontrou grandes volumes de óleo leve. Na Bacia de Santos, por exemplo, o óleo já identificado no pré-sal tem uma densidade de 28,5° API, baixa acidez e baixo teor de enxofre. São características de um petróleo de alta qualidade e maior valor de mercado. Disponível em: <http://www.petrobras.com.br/minisite/presal/pt/perguntas-respostas/>. Acesso em: 25 abr. 2012.

tros pontos, precisam ser claramente definidos, estudados e debatidos antes de serem postos em prática e regulamentados.

2.3. Organizações e desastres: o papel do estado de direito ambiental

Os desastres (naturais ou não naturais) encontram grande vinculação com as atividades das organizações. Isto se dá em razão de dois principais motivos: (*i*) as falhas operacionais podem atuar como causas de desastres (Bophal, BP Deepwater Horizon etc.); (*ii*) em muitos casos, o caráter multifacetado dos desastres exige uma atuação integrada entre organizações responsáveis pela prevenção e pelo atendimento aos desastres.

Primeiramente, as organizações privadas e públicas apresentam, constantemente, relação direta com a ocorrência de desastres, sobretudo antropogênicos, mediante a adoção de padrões de comportamento não seguros da mesma forma que artefatos tecnológicos apresentam combinações arriscadas em sua engenharia.[254] No mesmo sentido, fatores organizacionais podem impedir o fluxo e a utilização de informações e conhecimentos que poderiam ter sido utilizados para a prevenção de desastres antropogênicos (acidentes industriais).[255] Não obstante a existência de fenômenos físicos ou projetos de engenharia complexos que engendram os riscos catastróficos, estes consistem em ponto de partida para o endereçamento de atenção com processos de segurança. O risco serve de estratégia de antecipação racional. Contudo, a concretização dos riscos e sua materialização em danos é, constantemente, mediada por ações humanas, tendo estas lugar nas organizações, com suas próprias culturas e histórias.[256]

De outro lado, as organizações públicas, responsáveis pelo controle e fiscalização das atividades e situações de riscos catastróficos (ambientais, segurança e defesa civil) também detêm um destaque na consecução de cenários de desastres. O caráter multifacetado que pode caracterizar os desastres exige não apenas uma multidisciplinaridade nos processos de tomada de decisão (direito, economia, ciência, política), como uma integração entre diversos atores públicos e privados,

---

[254] JASSANOF, Sheila (ed.). *Learning from Disaster: Risk Management after Bhopal*. Philadelphia: University of Pennsylvania Press, 1994, p. 6.

[255] Idem.

[256] FARBER, Daniel. "Symposium Introduction: Navigating the Intersection of Environmental Law and Disaster Law", p. 1.794.

numa governança de riscos e perigos catastróficos. Nesse cenário, os desastres ambientais podem estar ligados a deficit de proteção ambiental (acidentes industriais, vazamento de petróleo, contaminações químicas, desastres naturais ou mistos), segurança pública (atentados terroristas) ou de atendimento de defesa civil (desastres naturais, humanos ou mistos).

Os desastres chamam a atenção para a necessidade de uma maior integração às nuances multifacetadas de sua constituição e das vulnerabilidades socioambientais envolvidas em uma determinada comunidade. Ou seja, em suas múltiplas dimensões tais como saúde pública, meio ambiente, economia, transporte, abastecimento de serviços públicos etc. Para tanto, deve haver um caráter integrativo do Estado de Direito Ambiental, proporcionando uma junção dos arts. 196,[257] 198,[258] 225,[259] 170, VI[260] da CF. Da mesma forma, apresenta-se como fundamental a integração institucional entre órgãos ambientais integrantes do SISNAMA, de saúde pública e defesa civil em todas as esferas (municipal, estadual e federal).

Um Estado comprometido constitucionalmente com um meio ambiente saudável (Estado de Direito Ambiental) deve apresentar uma postura integrada e integrativa da matéria ambiental. A ponderação de direitos e interesses em uma perspectiva multitemática necessita a compatibilização entre instrumentos impositivos e cooperativos. Isto é, regras de caráter jurídico estritamente vinculadas à legalidade em interação com "condições concretas de actuação (elasticidade situativa)". Tal aspecto enseja, também, uma superação do Estado ambientalmente planificado em direção "a um plano dúctil centrado sobre

---

[257] "Art. 196. A saúde é direito de todos e dever do Estado, garantido mediante políticas sociais e econômicas que visem à redução do risco de doença e de outros agravos e ao acesso universal e igualitário às ações e serviços para sua promoção, proteção e recuperação".

[258] "Art. 198. As ações e serviços públicos de saúde integram uma rede regionalizada e hierarquizada e constituem um sistema único, organizado de acordo com as seguintes diretrizes: I – descentralização, com direção única em cada esfera de governo; II – atendimento integral, com prioridade para as atividades preventivas, sem prejuízo dos serviços assistenciais; III – participação da comunidade".

[259] "Art. 225. Todos têm direito ao meio ambiente ecologicamente equilibrado, bem de uso comum do povo e essencial à sadia qualidade de vida, impondo-se ao Poder Público e à coletividade o dever de defendê-lo e preservá-lo para as presentes e futuras gerações".

[260] "Art. 170. A ordem econômica, fundada na valorização do trabalho humano e na livre iniciativa, tem por fim assegurar a todos existência digna, conforme os ditames da justiça social, observados os seguintes princípios: (omissis) VI – defesa do meio ambiente, inclusive mediante tratamento diferenciado conforme o impacto ambiental dos produtos e serviços e de seus processos de elaboração e prestação." (Redação dada pela Emenda Constitucional nº 42, de 19.12.2003).

os problemas nucleares do desenvolvimento sustentado, justo e duradouro".[261]

Convém mencionar que o Estado de Direito Ambiental "é uma construção teórica que se projeta no mundo real ainda como devir. A despeito desse fato, a relevância do paradigma proposto deve ser observada para uma melhor compreensão das novas exigências impostas pela sociedade moderna".[262] Exatamente por não ser um conceito acabado, mas um processo de constante atualização e aperfeiçoamento, o Estado de Direito Ambiental deve ser compreendido como uma representação viva que ao incorporar novos elementos, modifica a racionalidade e a sua própria estrutura.[263]

Nesse escopo, a atuação da dimensão do Estado Democrático de Direito Ambiental (Direito e Política) em relação aos desastres possui três facetas: preventiva, assistencial e recuperativa. Destaca-se, entretanto, que apesar de serem três estágios possíveis, nem todos são desejáveis. Desastre se combate com prevenção, gestão dos riscos e redução das vulnerabilidades sociais, econômicas e ambientais. Essa aspirável realidade pode se tornar possível pela configuração de um Estado de Direito Ambiental dos Desastres que tenha como linha mestra a desmistificação e a racionalização de tais eventos. Nessa trajetória, tanto as decisões de governo quanto de justiça ambiental relacionadas aos desastres devem ter como norte os parâmetros constitucionais e infraconstitucionais estabelecidos. Afinal, é dever do Poder Público, com o propósito de assegurar o direito fundamental ao meio ambiente ecologicamente equilibrado, controlar o desenvolvimento de atividades que representem risco para a vida humana, à qualidade dessa vida e ao meio ambiente. Os desastres abarcam tanto riscos concretos quanto abstratos, o que impõe o império da prevenção *lato sensu* (prevenção e precaução) como palavra de ordem para evitar a concretização de danos futuros.[264]

Sob o ponto de vista estrutural o Estado de Direito Ambiental voltado aos desastres depende, dentre outros fatores, da criação de uma rede ou sistema tecnologicamente forte e bem articulado de prevenção e de resposta imediata. Esse sistema precisa ter ramificações integradas e desburocratizadas em cada unidade federativa. Para que essa articu-

---

[261] CANOTILHO, José Joaquim Gomes. "Estado Constitucional Ecológico e Democracia Sustentada". In: *Estado de Direito Ambiental*: tendências. 2ª ed. José Rubens Morato Leite; Heline Sivini Ferreira; Larissa Boratti (orgs.). Rio de Janeiro: Forense Universitária, 2010, p. 37.

[262] LEITE, José Rubens Morato; FERREIRA, Heline S. CAETANO, Mateus A. *Repensando o estado de direito ambiental*. Florianópolis: Fundação Boiteux, 2012, p. 22.

[263] Idem, p. 19.

[264] CARVALHO, Délton W. de. *Dano ambiental futuro*, op. cit, p. 60.

lação seja bem sucedida, informação e comunicação são fundamentas. A atuação do poder executivo (especialmente municipal) no que tange à informação e capacitação dos moradores[265] de áreas impróprias tem o condão de desenvolver o lado da percepção do risco, que é crucial para que o poder público possa fortalecer suas redes de atuação. Afinal, a tarefa de gerenciamento e redução dos riscos de desastres no país é de responsabilidade de todos, não apenas do Estado. Daí a importância do estímulo à formação de uma consciência em relação aos riscos e perigos de um desastre, indispensável para o exercício da responsabilidade compartilhada, instituída pelo artigo 225, *caput* da Constituição Federal.

Nesse escopo, merece atenção a delimitação positiva do Estado de Direto Ambiental proposta por Canotilho,[266] no sentido de que o Estado de Direito Ambiental (o que se aplica sobremaneira aos desastres) deve ser um Estado "aberto", no qual os cidadãos têm o direito de obter dos poderes públicos informações sobre situações ambientais que lhes sejam relevantes ou desejadas (direito de informação sobre o "estado do ambiente"); a política do ambiente tem um suporte social generalizado e é dinamizada por iniciativas dos cidadãos, possibilitando a formação de um compromisso ambiental da sociedade civil no "Estado Democrático do Ambiente"; este último impõe uma dimensão participativa que valoriza e, mesmo, estabelece como "dever" a participação dos cidadãos nos procedimentos administrativos ambientais; finalmente, as associações de proteção ao meio ambiente adquirem uma posição de destaque como instrumento de democracia direta (formação de grupos

---

[265] Nesse sentido, merece destaque o projeto que vem sendo desenvolvido desde maio deste ano, com o apoio de coordenadorias estaduais e municipais de Defesa Civil em 5 (cinco) estados brasileiros. O projeto tem como enfoque principal o treinamento específico das comunidades em áreas de risco para lidar com desastres naturais. As atividades são desenvolvidas através de um Simulado de Preparação para Desastres (SPD). No dia 12 de novembro, foi a vez de Novo Hamburgo (RS), Maceió (AL), Recife (PE) e Salvador (BA); Petrópolis e Nova Friburgo também já participaram. Segundo o secretário nacional de Defesa Civil, Humberto Viana, "o simulado serve não só para que os moradores de comunidades em áreas de risco saibam o que fazer em caso de desastres, como também capacitá-los para atuar de forma preventiva, consolidando procedimentos permanentes de monitoramento, alerta e alarme". As cidades foram elencadas a partir de registros históricos de eventos climáticos extremos responsáveis por maiores prejuízos, óbitos e transtornos. A partir do ano que vem, além da repetição destas mesmas cidades, há a previsão de ampliação dos simulados, que passarão a ser regulares em outras regiões do país. RODRIGUES, Alex. Comunidades em áreas de risco de cinco estados participarão de simulados de preparação para desastres. *Agência Brasil*, 03 nov, 2011. Disponível em: <http://noticias.ambientebrasil.com.br/clipping/2011/11/04/76426-comunidades-em-areas-de-risco-de-cinco-estados-participarao-de-simulados-de-preparacao-para-desastres.html>. Acesso em: 03 nov. 2011.

[266] CANOTILHO, José Joaquim Gomes. "Direito Público do Ambiente. (direito constitucional e direito administrativo). In: *Curso de Pós-Graduação*. CEDOUA. Faculdade de Direito de Coimbra: Coimbra Editora, 1995/1996.

de pressão, legitimidade processual, fomentadores de informações e propostas ambientais, polícias do ambiente etc.).

Sem olvidar a necessária integração e governança ambiental desejáveis, em matéria de desastres, há, por evidente, neste cenário um protagonismo da Defesa Civil, sendo esta "o conjunto de ações preventivas, de socorro, assistenciais e recuperativas destinadas a evitar desastres e minimizar seus impactos para a população, restabelecendo, assim, anormalidade social".[267]

Em termos de estruturação organizacional, a Defesa Civil é constituída pelo Sistema Nacional de Defesa Civil – SINPDEC –, cuja composição é formada pelos órgãos e entidades da administração pública da União, Estados, do Distrito Federal e dos Municípios e as entidades da sociedade civil responsáveis pelas ações de defesa civil.[268]

O SINPDEC tem por finalidade contribuir no processo de planejamento, articulação, coordenação e execução dos programas, projetos e ações de proteção e defesa civil e será gerido pelos seguintes órgãos: Conselho Nacional de Proteção e Defesa Civil – CONPDEC, na condição de órgão consultivo; órgão central, que será definido por ato do Poder Executivo federal, com a finalidade de coordenar o sistema; órgãos regionais estaduais e municipais de proteção e defesa civil e órgãos setoriais dos 3 (três) âmbitos de governo.[269]

Dentre os instrumentos essenciais e obrigatórios ao funcionamento eficaz desse sistema está a elaboração de um Plano de Contingência de Proteção e Defesa Civil, que deverá ser desenvolvido pelos Municípios no prazo de 1 (um) ano, sendo posteriormente submetido à avaliação e prestação de contas anual, por meio de audiência pública, com ampla divulgação.[270]

Pelo que foi até então analisado, pode-se dizer que os desastres ambientais fazem parte de uma segunda geração de problemas ambientais altamente complexos e que apontam para a necessidade de uma reformulação dos pilares estruturais do Estado de Direito. Assim, a base da estrutura governamental e privada para o enfrentamento dos riscos e perigos catastróficos é formada pela tríade: (i) círculo de ges-

---

[267] BRASIL. Lei nº 12.340 de 02 de dezembro de 2010. Dispõe sobre o Sistema Nacional de Defesa Civil – SINDEC, sobre as transferências de recursos para ações de socorro, assistência às vítimas, restabelecimento de serviços essenciais e reconstrução nas áreas atingidas por desastre, e sobre o Fundo Especial para Calamidades Públicas, e dá outras providências. Brasília, DF, 02 de janeiro de 2010. (artigo 1º). Disponível em <http://www.planalto.gov.br/ccivil_03/_Ato2007-2010/2010/Lei/L12340.htm>. Acesso em 13 de março de 2012.

[268] Cf. art. 10 da Lei 12.608/2012.

[269] Art. 11 da Lei 12.608/2012.

[270] Por definição do artigo 3-A, § 6º, da Lei 12.340 (Redação da Lei 12.608/2012).

tão do risco, (*ii*) prevenção *lato sensu* (prevenção e precaução) e (*iii*) integração das políticas de ordenamento territorial, desenvolvimento urbano, saúde, meio ambiente, mudanças climáticas, gestão de recursos hídricos, geologia, infraestrutura, educação, ciência e tecnologia e demais políticas setoriais, tendo em vista a promoção do desenvolvimento sustentável.[271]

---

[271] Cf. art. 3º, parágrafo único, da Lei 12.608/2012. A noção de desenvolvimento sustentável "surgiu na pré-declaração de Estocolmo (1972), quando em meados dos anos 70, um grupo de empresas – reunias sob o Clube de Roma – estabeleceu-se para apurar a possibilidade do esgotamento dos recursos naturais. Originou-se assim o *Relatório Meadows* (Limites dos Crescimento), advertindo sobre os possíveis problemas advindos de um desenvolvimento sem limites, o qual poderia gerar um colapso na humanidade, caso o crescimento populacional não se alterasse. LEITE, José. R. M.; CAETANO, M. A. As Facetas do Significado do Desenvolvimento Sustentável. *Revista Internacional de Direito e Cidadania*, v. 13, p. 16, 2012.

3. O direito dos desastres no contexto internacional

3.1. Âmbito norte-americano

O *National Response Framework*[272] (NRF) tem um amplo espectro de abordagem, abrangendo desde os denominados incidentes graves, mas meramente locais, até as calamidades naturais catastróficas e os ataques terroristas. Apesar de focar bastante a recuperação, *o planejamento* (compreendido como um elemento fundamental de preparação e resposta), é considerado atividade de segurança nacional essencial. Em termos de preparação (prevenção), seis são os critérios previstos pelo plano como atividades essenciais para o enfrentamento de um incidente: planejar, organizar, treinar, equipar, exercitar, avaliar e melhorar.[273]

O termo "resposta," presente no título do plano, está diretamente alinhado a uma proposição muito clara ao longo de todo o quadro: responder eficazmente a um incidente é uma responsabilidade compartilhada dos governos em todos os níveis, do setor privado, das ONGs e dos cidadãos. Nessa linha, o documento descreve as principais tarefas relacionadas com três fases de resposta: preparação, resposta e recuperação.[274] Essa estrutura de atuação divide-se em cinco capítulos respectivamente denominados: *(i) roles and responsibilities; (ii) response actions; (iii) response organization; (iv) planning; (v) additional resources.*[275]

O estrutura administrativa americana está baseada em um sistema denominado *National Incident Management System* (NIMS). A coordenação geral do sistema é do *Department of Homeland Security* (DHS), que

---

[272] Plano Nacional de Resposta Americano. Tradução livre.

[273] National Response Framework, NRF. Resource Center, p. 1-27. Disponível em: <http://www.fema.gov/pdf/emergency/nrf/nrf-core.pdf>. Acesso em 2011. Plano Nacional de Resposta Americano

[274] Idem, p. 15.

[275] Idem, p. 3.

dentre suas subdivisões internas comporta diversas agências, sendo a *Federal Emergency Management Agency* (FEMA) parte da estrutura de gerenciamento dos desastres. Essa agência possui "braços" regionais, estaduais e locais para auxílio imediato.[276]

O foco na resposta a desastres não desconsidera a postura de precaução e prevenção diante de riscos concretos ou abstratos, respectivamente. Nessa linha, diante de situações potencialmente catastróficas[277] como as que envolvem eventos químicos, biológicos, radiológicos, nucleares, armas explosivas de destruição em massa, terremotos de grande magnitude ou outros incidentes catastróficos que afetem áreas densamente povoadas, os governos Estadual e Federal podem buscar medidas proativas para mobilizar e implantar ativos em antecipação de um pedido formal por parte do Estado junto à assistência federal. As respostas pró-ativas são utilizadas para garantir que os recursos cheguem à cena em tempo hábil para auxiliar na restauração da perturbação do normal funcionamento dos governos locais ou estaduais. Essa notificação pró-ativa e implantação de recursos federais em antecipação ou em resposta a eventos catastróficos será feita em coordenação e colaboração com Estado, governo local e entidades do setor privado, quando possível.[278]

3.1.1. A legislação norte-americana e os desastres

A estruturação do sistema legislativo americano está intimamente relacionada às catástrofes ocorridas no País ao longo do século XX. Promulgada em 1988, a *Robert T. Stafford Disaster Relief and Emergency Assistance Act – Stafford Act* –[279] é peça central da política de desastre federal norte-americana. Ela define juridicamente como desastres federais são declarados, determina os tipos de assistência a serem prestados pelo governo federal e estabelece as modalidades de partilha de custos entre os governos federal, estadual e local.

---

[276] National Response Framework, NRF, op. cit., p. 6.

[277] *A catastrophic incident is defined as any natural or manmade incident, including terrorism, that esults in extraordinary levels of mass casualties, damage, or disruption severely affecting the population, infrastructure, environment, economy, national morale, and/or government functions.* National Response Framework, NRF, op. cit., p.42. Tradução livre.

[278] National Response Framework, NRF, op. cit., p. 42.

[279] EUA. Lei Stafford. Disponível em: <http://www.fema.gov/about/stafact.shtm>. Acesso em: 16 nov. 2011.

No ano 2000, a Lei foi alterada pela *Disaster Mitigation Act*[280]que, dentre algumas mudanças, criou um programa para prevenção e mitigação, pretendendo simplificar a administração dos desastres e controlar os altos custos federais de assistência aos mesmos.

A política federal americana sobre desastres foi alvo de muitas mudanças ao longo de décadas, mas poucos eventos foram tão diretamente influenciadores em sua mudança como os ataques terroristas de 11 de setembro de 2001.[281] Desde a fatídica data, a prevenção contra o terrorismo assumiu uma posição de vanguarda na agenda política nacional, relegando a resposta e preocupação com desastres de outra natureza a um segundo plano no sistema. Como parte da estratégia antiterrorismo, em junho de 2002, foi criado o *Department of Homeland Security* (DHS)[282] com o objetivo de realinhar as atividades do governo em um único departamento, cuja principal missão era a de proteger o país. O departamento (DHS) representou significativa transformação no governo federal, permitindo uma abrangente análise e revisão da política de desastre e o estabelecimento de um sistema que servisse a dúplice necessidade: resposta a desastres "naturais" e combate ao terrorismo.

No auge da guerra contra o terror, a administração Bush havia manifestado a opção por limitar o âmbito de atuação do governo federal na área de respostas a desastres "naturais", pois os custos de repasse aos estados e localidades menores, nesses casos, estavam muito altos. A criação do DHS acelerou esforços para reduzir o tamanho e o escopo de programas federais de resposta de desastres naturais. A incorporação da FEMA ao departamento foi uma das estratégias para tanto, pois a cada 4 dólares destinados à agência, três eram encaminhados ao combate do terrorismo. Os recursos para resposta de emergência e recuperação dos desastres se tornaram cada vez mais escassos. Além disso, pelo fato de ser transferida para o Departamento de Segurança Interna, a agência federal perdeu um número considerável de funcionários e, juntamente, a capacidade de atuação efetiva em caso de desastres.[283]

---

[280] EUA. Public Law 106-390. Congress. Disponível em: <http://www.fema.gov/library/viewRecord.do?id=1935>. Acesso em: 15 nov. 2011. "To amend the Robert T. Stafford Disaster Relief and Emergency Assistance Act to authorize a program for predisaster mitigation, to streamline the administration of disaster relief, to control the Federal costs of disaster assistance, and for other purposes".

[281] MOSS, Mitchell et al. The Stafford Act and Priorities for Reform. *Journal of Homeland Security and Emergency Management*. Berkeley Electronic Press, volume 6, artigo 13, p. 1-23, 2009.

[282] Department of Homeland Secutity. Informações disponíveis em: <http://www.dhs.gov/index.shtm>. Acesso em: 15 nov. 2011.

[283] MOSS, Mitchell et al. The Stafford Act and Priorities for Reform, op. cit, p. 8.

A *Federal Emergency Management Agency (FEMA)* é responsável pela realização das disposições da *Lei Stafford* e distribui grande parte da assistência prevista. Antes da criação do DHS, a FEMA era uma agência independente que se reportava diretamente ao presidente. No entanto, em 2002, o departamento estabeleceu um novo quadro jurídico de organizações e atividades. Nesse novo esquema houve a incorporação da agência, que continua a coordenar respostas federais a desastres, mas perdeu a sua independência decisional.[284]

O abrandamento das políticas de prevenção a desastres foi desvelado pelo Furacão Katrina, capaz de revelar que, apesar da criação do DHS, o país continuava mal preparado para responder e se recuperar de uma grande catástrofe ambiental. Problemas sistêmicos de gestão, alocação de recursos e liderança dentro FEMA também foram trazidos à luz. Segundo Farber,[285] "em tempos de desastre, uma sólida estrutura legal só é efetiva, se implementável. No caso do Katrina, o sistema de proteção teve uma péssima performance, mantendo a lógica de sistema apenas no nome".

Em resposta, o Congresso tentou corrigi-los com uma nova lei, a *Post-Katrina Emergency Reform Act*, de 2006.[286] Assinado pelo mesmo presidente que havia privilegiado o terrorismo, a Lei implementou a construção de uma gestão profissional e técnica dentro da FEMA, desde a chefia até os funcionários (que passaram a ter plano de carreira).

O *Post-Katrina Act* estabeleceu também uma nova nomenclatura denominada "incidentes catastróficos". Segundo a lei, trata-se de "qualquer desastre natural, ato de terrorismo ou outros desastres provocados pelo homem que resultem em níveis extraordinários de causalidades, danos ou perturbações que afetem gravemente a população (incluindo evacuações de massa), infraestrutura, meio ambiente, economia, ou o governo em uma determinada área". Um dos problemas dessa definição é que ela não foi incorporada ou não alterou o *Stafford Act*, mas passou a vigorar paralelamente. Significa que, atualmente, nos EUA, um desastre pode ser simultaneamente declarado nos termos da *Lei Stafford*, um "incidente de importância nacional" e um "incidente catastrófico", sob a Lei Pós-Katrina.[287]

---

[284] MOSS, Mitchell *et al.* The Stafford Act and Priorities for Reform, op. cit., p. 8-10.

[285] FARBER, Daniel *et al. Disaster, law and policy*, op. cit., p. 131.

[286] EUA. Post-Katrina Emergency Reform Act, 04 de outubro de 2006. Disponível em: <http://www.dhs.gov/xabout/structure/gc_1169243598416.shtm>. Acesso em: 15 set. 2011.

[287] MOSS, Mitchell *et al.* The Stafford Act and Priorities for Reform, op.cit., p. 17.

A *Stafford Act* trabalha com cinco categorias de declarações que envolvem situações prévias ou pós-desastre. Antes e após a ocorrência de um desastre, a Lei prevê duas declarações, respectivamente: de emergência[288] e grandes desastres.[289] O procedimento de declaração é distinto segundo se trate de situação de emergência ou um desastre maior. No primeiro caso, a assistência do governo federal é necessária para aportar meios complementares com o objetivo de prevenir ou evitar danos potenciais quantificáveis, porém não materializados. Por isso, em virtude da urgência, as *emergency* podem ser declaradas tanto por solicitação do governo dos Estados quanto por iniciativa presidencial, sem anterior consulta ao Governador.[290] Ao contrário, no caso de um *major disaster* os danos já se materializaram e sempre há a necessidade de requerimento do Governador ao Presidente. Como parte da solicitação, e como pré-requisito para a assistência a um grande desastre, o Governador deverá: tomar medidas de resposta adequada previstas em lei estadual, executar imediatamente o plano de emergência do Estado e fornecer, ainda, informações sobre a natureza e quantidade de recursos estaduais e locais que foram ou serão empenhados para aliviar os resultados do desastre.[291]

De maneira geral, muitos desastres, naturais ou *man-made* (não naturais), podem ser evitados ou mitigados com uma criteriosa estimativa de impacto de uma determinada atividade ou empreendimento. Em solo americano, essa discussão tem aparecido em demandas envolvendo construções de barragens e energia nuclear. Essas situações têm sido fontes particularmente férteis de disputas sobre avaliação de risco.[292]

---

[288] Emergência diz respeito a qualquer ocasião ou instância que, por determinação do Presidente, seja necessária assistência federal para complementar os esforços estaduais e locais e a capacidade de salvar vidas, proteger a propriedade, a saúde e segurança públicas, ou para diminuir e evitar a ameaça de uma catástrofe em qualquer parte dos Estados Unidos.

[289] Desastre grave significa: qualquer catástrofe natural (incluindo qualquer furacão, tornado, tempestade, maremoto, tsunami, terremoto, vulcão erupção, deslizamento de terra, tempestade de neve ou seca), ou, independentemente da causa, qualquer inundação, incêndio, ou explosão, em qualquer parte dos Estados Unidos, que na determinação do presidente cause dano de gravidade e dimensão suficientes para justificar assistência de grande desastre, e para suplementar os esforços e recursos disponíveis dos Estados, governos locais e organizações de ajuda humanitária em alívio ao dano, à perda, à privação ou ao sofrimento causados. Sttaford Act, Sec. 102. Definitions (42 U.S.C. 5122). Stafford Act, op.cit., p. 2.

[290] FRAGA, Jesús J. *La reparación de los danos catastróficos*: catástrofes naturales, administración y derecho público: responsabilidade, seguro y soidariedad. Madrid: Marcial Pons, Ediciones Jurídicas e Sociales, 2000, p. 280-282.

[291] Sttaford Act, Sec. 401. Procedure for Declaration (42 U.S.C. 5170), p. 38 e Sec. 502. Federal Emergency assistance (42 U.S.C. 5192) p. 51.

[292] FARBER, Daniel. Confronting Uncertainty under NEPA, *Issues in Legal Scholarship*, v. 8, n. 3, artigo 3, p. 1-37, 2009. Disponível em: <http://www.bepress.com/ils/vol8/iss3/art3>. Acesso em: 15 mai. 2011.

As avaliações de impactos e riscos ambientais, federais, estaduais e até internacionais, são regulamentadas pela Lei federal conhecida como *The National Environmental Policy Act* (NEPA),[293] de 1969. A seção 101 C da lei conclama a política do governo federal para administrar os programas federais de forma ambientalmente correta. A seção 102 (2) (C), por sua vez, estabelece a obrigatoriedade de as agências levarem em consideração *os fatores ambientais* na tomada de decisões significativas, e exige que o órgão federal consulte outros órgãos com jurisdição superior ou com formação de especial e de excelência sobre o problema ambiental envolvido, quando houver a possibilidade de grande impacto humano e/ou ambiental. Trata-se do que Farber denomina de *"hard look"*, das agências e do judiciário, sobre informações relevantes diante de um potencial impacto ambiental oriundo da implantação de uma atividade ou empreendimento.[294]

Em essência, a legislação requer que a agência federal prepare uma detalhada explicação (um estudo) das consequências ambientais das ações ou empreendimentos e que o relatório dessas explicações seja acessível a outras agências, às agências oficiais de alto nível e ao público. Três (3) requisitos são necessários para que haja a necessidade do mencionado estudo: que a ação proposta seja (*i*) federal; (*ii*) que tenha a qualificação de "grande" e que haja um significativo impacto ambiental. Por óbvio, a definição do que é "significativo impacto ambiental" é a pedra de toque da questão. A NEPA exige o estudo somente em casos de "significativo impacto". Para determinar se o impacto de um projeto será "significativo", os regulamentos instruem as agências a considerarem fatores como: o impacto na saúde pública, as características originais da área geográfica, o potencial efeito da ação, e o grau de controvérsia da ação. Após a observação desses fatores, deve ser ainda considerado o fator magnitude.[295]

Na prática, uma das discussões mais presentes nesses casos diz respeito ao detalhamento da avaliação do possível ou provável impacto.[296] Uma avaliação menos criteriosa é feita se a agência considera o

---

[293] São propósitos da lei: declarar uma política nacional que incentive a harmonia produtiva e agradável entre o homem e seu ambiente, promover esforços que irão prevenir ou eliminar os danos ao meio ambiente e da biosfera e estimular a saúde e o bem-estar do homem; enriquecer o compreensão dos sistemas ecológicos e recursos naturais importantes para a Nação e estabelecer um Conselho de Qualidade Ambiental. EUA. *The National Environmental Policy Act of 1969*. (Pub. L. 91-190, 42 U.S.C. 4321-4347, January 1, 1970, as amended by Pub. L. 94-52, July 3, 1975, Pub. L. 94-83, August 9, 1975, and Pub. L. 97-258, § 4(b), Sept. 13, 1982). Disponível em: <http://ceq.hss.doe.gov/nepa/regs/nepa/nepaeqia.htm>. Acesso em: 16 nov. 2011.

[294] FARBER, Daniel. Confronting Uncertainty under NEPA, p. 1.

[295] Idem, p. 2.

[296] Ibidem.

impacto insignificante ou eliminável através de medidas de mitigação. Todavia, se o impacto significativo existe e não pode ser mitigado de forma eficiente, então o projeto recebe uma avaliação mais profunda.[297]

A dificuldade de quantificar os riscos em matéria ambiental é um problema comum em muitos países. Nos Estados Unidos não é diferente. Os resultados desse tipo de processo não têm sido satisfatórios,[298] pois não há uma posição clara a respeito de quando ou por que critérios um risco se torna significativo a ponto de ser reconhecido na declaração de impacto.[299] Em geral, os tribunais americanos têm aplicado a regra segundo a qual: "o estudo não precisa discutir consequências remotas e altamente especulativas" e de que "a adequação do conteúdo de impacto deve ser determinada através do uso de uma regra da razão".[300]

---

[297] FARBER, Daniel. Confronting Uncertainty under NEPA, op. cit., p. 3.

[298] Idem, p. 6 – 7.

[299] Alguns cases exemplificativos da questão: *Trout Unlimited v. Morton; Warm Springs Dam Task Force v. Gribble; Save the Niobrara River Ass'n, Inc. v.Andrus).* No caso *Trout Unlimited v. Morton* – A demanda foi deflagrada em função da construção de uma barragem para formar um reservatório em um canyon do rio Teton. Inúmeras organizações ambientais alegaram que o relatório de impacto era deficiente e falho, pois não havia discutido as consequências ambientais do projeto em detalhes, tampouco a possibilidade de uma falha catastrófica, em flagrante desrespeito a política do NEPA. O nono circuito considerou que o estudo desenvolveu uma discussão razoavelmente completa a respeito das prováveis consequências ambientais, que é tudo o que se pode exigir de um estudo. A construção da barragem seguiu em frente e colapsou dois anos depois causando onze mortes na primeira inundação. No caso – *Warm Springs Dam Task Force v. Gribble – o distrito norte da Califórnia e* o nono circuito analisaram a possibilidade de o estudo não ter verificado todas as possibilidades de um terremoto próximo à construção da barragem Warm Springv, devido à existência de três falhas próximas à área. Houve um pedido de sobrestamento da construção da barragem até que as falhas pudessem ser remediadas. Como argumento, os requerentes da liminar apresentaram estudos de especialistas concluindo que a barragem não tinha estrutura suficiente para resistir a possibilidade de um terremoto de grandes proporções. O tribunal distrital rejeitou este argumento, considerando que o estudo elaborou uma "discussão ampla e detalhada" das características sísmicas do local da barragem. Apesar do indeferimento da liminar, a justiça permitiu novas discussões sobre as possíveis falhas do local, aceitando, inclusive, a junção de um estudo afirmativo de que o potencial de terremoto da área poderia ser significativamente maior do que o apontado no estudo de impacto. A discussão passou a girar em torno da necessidade de complementação do estudo ou não. Apesar de não se manifestar sobre a necessidade de um complemento do estudo de impacto anterior, o tribunal explicou que os novos dados "levantaram preocupações ambientais suficientes para exigir que se tivesse um outro olhar em relação a questão", porque apesar de ser especulativo, o estudo paralelo, elaborado por uma outra agência que não a primeira, minou a segurança do projeto. Após muitas alegações e ponderações, finalmente o tribunal considerou que o estudo não tinha necessidade de abranger todas as consequências de um colapso total de barragem na sequência de um evento sísmico, porque a possibilidade de tal evento era "remota e altamente especulativa". Assim, o tribunal considerou que uma complementação do primeiro estudo não era razoável. Explicou, ainda, que a afirmação de um risco substancial de colapso por parte da agência seria arbitrário e afirmou que: "Todos reconhecem os resultados catastróficos da falha de uma barragem; mas os pormenores desses resultados não serviriam a nenhum propósito útil ". FARBER, Daniel. Confronting Uncertainty under NEPA, op. cit., p. 5.

[300] FARBER, Daniel. Confronting Uncertainty under NEPA, op. cit., p. 4 e 5.

Em contraposição, há uma corrente paralela que nem sempre considera suficiente o estudo realizado com base nos critérios estabelecidos na lei federal, determinando em muitas das vezes sua complementação com base em estudos trazidos pelas partes ou, ainda, determinando a suspensão liminar do empreendimento até que medidas mitigatórias dos riscos sejam implementadas.[301]

O problema torna-se mais complexo quando o risco não é suficientemente bem compreendido para ser quantificado. Na maioria dos casos de potenciais ou prováveis desastres, o sistema decisor (órgão ambiental, agência, judiciário) aparece como ponte para um caminho com ou sem volta. A metáfora não tem a pretensão de ser catastrofista, mas de alertar para o relevante papel dos sistemas da política e do direito frente à versão preventiva dos desastres.

Afinal, exatamente pelo fato de não serem claramente identificado, muitas vezes os riscos potenciais acabam se transformando em grandes catástrofes. Situações assim, não raramente conduzem à discussão acerca da responsabilização ou da exclusão da responsabilização, especialmente frente a acontecimentos extraordinários, inevitáveis e, por si, ingovernáveis. Para o Direito americano, determinados fenômenos como furacões, inundações e terremotos são considerados *acts of Gods*. Nesses casos, exclui-se a possibilidade de responsabilização em função do que se denomina de cláusula de imunidade, recaindo as consequências de tais eventos sobre o patrimônio dos prejudicados. *Acts of Gods* significam graves desastres naturais, não previsíveis, excepcionais, inevitáveis ou irresistíveis, cujos efeitos não poderiam ser evitados pela diligência humana devida.[302] A jurisprudência americana tem estabelecido determinados critérios para a caracterização dessa situação: primeiro, exige-se que os danos tenham sido provocados por fenômenos naturais qualificados como *acts of Gods*; segundo, a exclusão da responsabilidade não pode operar se houver uma causa concorrente. Existindo uma negligência concausal, haverá responsabilidade, não obstante o evento ser reconhecido como *acts of Gods*. Ao mesmo tempo

---

[301] Exemplo dessa posição: Em *Save the Niobrara River Ass'n, Inc. v. Andrus* – A Corte Distrital considerou o estudo de impacto inadequado em parte por não discutir nenhum tipo de instabilidade geológica no local da possível instalação da represa. Segundo a Corte, "a agência não pode eliminar todas as incertezas e resolver todas as possíveis visões de risco antes de empreender um projeto, mas a natureza e a base da incerteza e as maneiras como ela pode ser removida são sim necessárias para que o decisor possa pesá-las na balança". Nesse caso, o Tribunal considerou que o estudo não identificou os riscos da geologia subjacente ao local da barragem, tampouco descreveu como esse risco poderia ser projetado ao redor, motivo pelo qual concedeu a liminar de sustação da obra até o complemento dos estudos. FARBER, Daniel. Confronting Uncertainty under NEPA, op. cit., p. 8.

[302] FRAGA, Jesús J. *La reparación de los danos catastróficos*: catástrofes naturales, administración y derecho público: responsabilidade, seguro y soidaridad. Madrid: Marcial Pons; Ediciones Jurídicas e Sociales, 2000, p. 58-59.

em que é bastante utilizada como estratégia de defesa, a tese da imunidade diante de catástrofes oriundas de *acts of Gods* tem recebido algumas críticas e perdido força devido à melhora tecnológica na realização de previsões (de inundações, por exemplo) e na elaboração de mapas de risco.[303] No contexto brasileiro, não há essa previsão restritiva, o que permite uma abertura maior para as análises de aplicação ou não da responsabilidade civil do estado por desastres.

3.2. Os desastres e o sistema europeu: gestão e prevenção dos riscos

O interesse dos países europeus em garantir, através de suas fontes, um mínimo de qualidade de vida a seus cidadãos não surge de maneira expressa no começo da então Comunidade Econômica Europeia. Aliás, a visão utilitarista e de apropriação do meio ambiente, tão ultrapassada hoje, era a tônica da época. Logo, a antiga Comunidade Econômica Europeia refletia as características de um momento histórico, que foi se transformando e evoluindo paulatinamente.[304] Com relação aos desastres, a estrutura normativa é bem representada pelas diretivas.

Atualmente, o quadro de prevenção e gestão dos desastres europeu pode ser dimensionado de duas maneiras: de um lado, a prevenção de acidentes graves, regulamentada pelas Diretivas – Seveso I[305] e II[306] – e pelo Regulamento 1726/2003[307] do Parlamento e Conselho Europeu; por outro, a prevenção de catástrofes naturais e humanas, regulamentada pela Diretiva 60/2007.[308]

---

[303] FRAGA, Jesús J. Op. cit., p. 59-60.

[304] DAMACENA, Fernanda. A proteção ambiental no âmbito da união européia. *Revista Eletrônica Direito e Política*, v. 6, p. 76-100, 2011.

[305] UNIÃO EUROPÉIA. Diretiva 82/501/CCE do Conselho, de 24 de Junho de 1982. Dispõe sobre os riscos de acidentes graves de certas atividades industriais. Disonível em: <http://eur-lex.europa.eu/smartapi/cgi/sga_doc?smartapi!celexplus!prod!DocNumber&lg=pt&type_doc=Directive&an_doc=1982&nu_doc=501>.Acesso em: 11 nov. 2011.

[306] UNIÃO EUROPÉIA. Diretiva 96/82/CE do Conselho, de 9 de Dezembro de 1996. Relativa ao controle dos perigos associados a acidentes graves que envolvem substâncias perigosas. Disponível em: <http://eur-lex.europa.eu/smartapi/cgi/sga_doc?smartapi!celexplus!prod!DocNumber&lg=pt&type_doc=Directive&an_doc=1996&nu_doc=82>. Acesso em: 11 nov. 2010.

[307] UNIÃO EUROPÉIA. Regulamento (CE) 1726/2003 (1), de 21 de Outubro de 2003.\Proíbe o transporte de petróleos e frações petrolíferas pesados em navios de casco simples. Foi responsável pela alteração do regulamento 417/2002. Disponível em: <http://eur-lex.europa.eu/LexUriServ/LexUriServ.do?uri=OJ:C:2004:084E:0124:0125:PT:PDF>. Acesso em: 11 nov. 2010.

[308] UNIÃO EUROPÉIA. *Diretiva 2007/60/CE do Parlamento Europeu e do Conselho*, de 23 de Outubro de 2007. Relativa à avaliação e gestão dos riscos de inundações. Disponível em: <http://eur-lex.europa.eu/LexUriServ/LexUriServ.do?uri=OJ:L:2007:288:0027:0034:PT:PDF>. Acesso em: 11 nov. 2011.

A gestão dos riscos relacionados aos desastres naturais na União Europeia teve início com o tratamento das inundações. As primeiras luzes em direção ao problema foram lançadas pelas recomendações de uma Comunicação da Comissão Europeia (ao Conselho, Parlamento, Comitê Econômico e Social Europeus e ao Comitê das Regiões) denominada – Gestão dos Riscos de Inundação – Proteção contra as Cheias e Inundações, sua Prevenção e Mitigação.[309] No período de 1998 a 2002, mais de 100 eventos provocaram grandes prejuízos no continente, neles se incluindo as cheias catastróficas dos rios Elba e Danúbio em 2002.[310]

Anos mais tarde, a Diretiva 60/2007 regulamentou as proposições da Comissão definindo linhas de atuação relativas à avaliação e gestão dos riscos de inundações, com destaque, em exemplificativa síntese, para as seguintes diretrizes: atuação coordenada e integrada entre os Estados-Membros, sistema de informação, atualização contínua, observação aos princípios da solidariedade, responsabilidade compartilhada e incentivo à participação popular. A metodologia passa, conforme descreve o § 3º do nº 3 do mesmo artigo, pela implementação de "sistemas de previsão e de alerta precoce, tendo em conta as características de cada bacia ou sub-bacia hidrográfica. Os planos de gestão dos riscos de inundações podem também incluir a promoção de práticas de utilização sustentável do solo, a melhoria da retenção da água e a inundação controlada de determinadas zonas em caso de cheia".

O objetivo da diretiva, exposto no item 23, é o estabelecimento de um quadro de medidas de redução dos riscos de prejuízos causados por inundações, sendo que sua realização não pode ser bem sucedida pela atuação de um ou outro Estado-Membro, mas apenas alcançada em nível comunitário. Já no preâmbulo a diretiva sublinha que a avaliação e gestão de riscos deve "se servir das melhores técnicas disponíveis que não acarretem custos excessivos no domínio da gestão de riscos de inundações". A esse respeito pondera Amado Gomes:[311]

---

[309] UNIÃO EUROPÉIA.Comunicação da Comissão ao Conselho, ao Parlamento Europeu, ao Comitê Econômico e Social Europeu e ao Comitê das Regiões – *Gestão dos riscos de inundação – Proteção contra as cheias e inundações, sua prevenção e mitigação* /*COM/2004/0472 final*/. 52004DC0472. Disponível em: <http://eur-lex.europa.eu/LexUriServ/LexUriServ.do?uri=CELEX:52004DC0472:PT:HTML>. Acesso em: 11 nov. 2001.

[310] Idem. Dados retirados do levantamento realizado pela Comissão do Conselho Europeu.

[311] GOMES, Carla Amado. Catástrofes naturais e acidentes industriais graves na União Europeia: a prevenção à prova nas directivas Seveso, p. 9. Disponível em: <http://icjp.pt/sites/default/files/media/981-2167.pdf>. Acesso em: 10 de junho de 2011.

Problemático é saber o que deve ser considerado um custo excessivo quando estão em causa bens de valor superior e em grande número. E a ponderação torna-se ainda mais complexa – e cara – quando, além de envolver efeitos circunscritos a um factor de risco (natural), se co-envolve com factores diversificados, como riscos culturais (populações apegadas aos seus lares, resistentes à evacuação), riscos sociais (presença ocasional nas regiões de população nómada), riscos tecnológicos (vide a alusão das alíneas c) e d) do nº 5 do artigo 6 da directiva à existência de instalações ou focos de poluição significativa nas zonas potencialmente afectadas). Para os Estados que enfrentam a escassez de recursos financeiros, a abordagem custo-benefício na tarefa de gestão do risco é inevitável, tendendo o esforço financeiro a ser rigorosamente proporcional à amplitude estimada dos efeitos lesivos e às zonas previsivelmente mais afectadas. Uma política preventiva de *minimis* é compreensível à luz de argumentos de priorização de objectivos (prevalência do imediato sobre o longínquo, do certo sobre o eventual), mas pode revelar-se dramática, todavia, em cenários de crescente incerteza como aqueles com que nos defrontamos actualmente.

Considerando o objetivo e diretrizes apontados, algumas determinações merecem destaque. Primeiro, a diretiva compreende as inundações como fenômeno natural potencializado por atividades humanas. Segundo, a prevenção e redução eficazes das inundações requerem, além da coordenação entre Estados-Membros, a cooperação com países terceiros. Terceiro, em caso de inundações a atuação da Proteção Civil deve ser dar em nível de cooperação reforçado, com apoio e assistência dos Estados-Membros. Quarto, para estabelecer prioridades e para tomar decisões técnicas, financeiras e políticas ulteriores em matéria de gestão de riscos de inundações, é necessária a elaboração de cartas de zonas inundáveis e de cartas de riscos de inundações indicativas das potenciais consequências prejudiciais associadas a diferentes cenários de inundações, incluindo informações sobre fontes potenciais de poluição ambiental resultante das inundações. Quinto, os elementos dos planos de gestão dos riscos de inundações deverão ser periodicamente revistos e, se necessário, atualizados, tendo em consideração os efeitos prováveis das alterações climáticas na ocorrência de inundações. Sexto, o princípio da solidariedade é muito importante no contexto da gestão dos riscos de inundações, pois incentiva os Estados-Membros a procurarem uma repartição equitativa de responsabilidades, nos casos em que determinadas medidas são decididas conjuntamente para benefício de todos. O auxílio financeiro rápido, para os casos de emergência e na fase que a precede, tem como centro de custeio o Fundo de Solidariedade da União Europeia.[312]

---

[312] Itens (2), (4), (6), (7), (8), (12), (14), (15) (18) da Diretiva 2007/60/2007.

3.2.1. As diretivas de prevenção aos acidentes industriais

Os riscos tecnológicos graves são tratados de forma mais abrangente pelas Diretivas Seveso I[313] e II.[314]

A Seveso I recebeu essa denominação em função de um grave acidente ocorrido na Cidade de Seveso, na Itália, em 1976, em decorrência de um vazamento de dioxina (TCDD). A diretiva 82/501/CCE (Seveso I) traçou diversas linhas regulamentando a prevenção de acidentes industriais graves na União Europeia. Dentre elas, pode-se mencionar: um quadro inicial de medidas de segurança a serem adotadas pelos fabricantes de substâncias perigosas, com maior rigor para instalações novas ou para o manuseio de substâncias mais perigosas. Suas raízes foram os artigos 100 e 235 do antigo Tratado de Roma. Esse, por sua vez, invocava a dupla dimensão de quadro regulatório da prevenção de riscos para a população e para os trabalhadores, e de harmonização de condições de funcionamento de instalações cujas disparidades são susceptíveis de perturbar a leal concorrência entre operadores no mercado comum.[315]

A Diretiva 96/82/CCE (Seveso II), que sucedeu a Seveso I, ganhou contornos mais abrangentes. Fruto de um período posterior a grandes catástrofes industriais, a diretiva priorizou claramente algumas das falhas detectadas em desastres como Bhopal e Chernobyl. Não por outra razão, os princípios *segurança, o direito à informação e planejamento* resumem claramente os objetivos da Seveso II. Esse conjunto de diretrizes retratava bem as necessidades da época no que tange à gestão dos riscos de acidentes graves nas indústrias. Considerando o histórico de falhas, uma das inovações importantes da Seveso II foi a inclusão de disposições relativas ao controle do planejamento da ocupação dos solos quando do licenciamento de novas instalações e do desenvolvimento de urbanizações nas imediações de instalações empresariais existentes. Além disso, foram incluídas novas exigências incidentes nos sistemas de gestão da segurança, nos planos de emergência e no reforço das disposições relativas às inspeções ou à informação do público. No que concerne ao planejamento e à segurança, a Diretiva descreve,[316] minu-

---

[313] Diretiva Seveso I. Disponível em: <http://eur-lex.europa.eu/smartapi/cgi/sga_doc?smartapi!celexplus!prod!DocNumber&lg=pt&type_doc=Directive&an_doc=1982&nu_doc=501>. Acesso em: 11. nov. 2011.

[314] Diretiva Seveso II. Disponpivel em: <http://eur-lex.europa.eu/LexUriServ/LexUriServ.do?uri=OJ:L:1997:010:0013:0033:PT:PDF>. Acesso em: 11 nov. 2011.

[315] GOMES, Carla Amado. Catástrofes naturais e acidentes industriais graves na União Europeia: a prevenção à prova nas directivas Seveso, op. cit.p. 11.

[316] UNIÃO EUROPÉIA. *Diretiva 96/82/CE do Conselho, de 9 de Dezembro de 1996*, já citada. Disponível em:< http://eur-lex.europa.eu/smartapi/cgi/sga_doc?smartapi!celexplus!prod!DocNumber&lg=pt&type_doc=Directive&an_doc=1996&nu_doc=82>. Acesso em: 11 nov. 2011.

ciosamente, a obrigatoriedade e os critérios dos planos de emergência interno (para funcionários) e externo (para que a população saiba como agir em caso de desastre). Foi ainda, previsão de atualização do plano de segurança em situações de normalidade ou, a qualquer tempo, frente a situações de "quase-acidente" – quando em inspeção de rotina são detectadas falhas nas instalações, problemas em maquinários ou vazamentos. O quesito informação engloba um verdadeiro sistema de comunicação entre o operador, autoridades competentes e entre essas e o Estado-Membro, que tem a obrigação de informar imediatamente e esclarecer ao público o que se passa. Nesse passo, merece atenção especial o destaque da diretiva para a questão da confidencialidade, sendo que os Estados-Membros devem tomar medidas destinadas a assegurar a transparência das informações, estando as autoridades competentes obrigadas a disponibilizá-las a qualquer pessoa singular ou coletiva que as solicite. Em cumprimento à diretiva, o operador fica obrigado a enviar diversos tipos de relatórios às autoridades.

Em um primeiro momento, tanto a Seveso I quanto a II excluíram do seu campo de atuação algumas atividades perigosas como as mineiras, nucleares e em trânsito (transporte de uma região ou a outro Estado). Contudo, o derramamento de cianeto que poluiu o Danúbio na sequência do acidente ocorrido em Baia Mare, na Romênia, em janeiro de 2000, demonstraram que o armazenamento de algumas substâncias do setor mineiro poderiam desencadear consequências muito graves. Foi assim que a Diretiva 2003/105 alterou a Seveso II para cobrir os riscos decorrentes das atividades de armazenamento e processamento no setor mineiro, pirotécnico (pela positiva) e de tratamento e eliminação de estéreis. A Diretiva também simplificou algumas substâncias, incluiu outras, deu nova redação e alterou diversos dispositivos da Seveso II.[317] Todavia, como as alterações foram pontuais,[318] não houve

---

[317] Conforme o item (7) da Diretiva 2003/105, a Seveso II não deve ser aplicada a estabelecimentos utilizadores finais em que se encontrem presentes temporariamente, até serem removidos para reprocessamento ou destruição, nitrato de amônio e adubos à base de nitrato de amônio que, no momento da entrega, cumpriam os requisitos daquela diretiva, mas se degradaram ou contaminaram subsequentemente. Diretiva 2003/15 de 16 de Dezembro de 2003. Altera a Directiva 96/82/CE do Conselho relativa ao controlo dos perigos associados a acidentes graves que envolvem substâncias perigosas. Disponível em: <http://eur-lex.europa.eu/LexUriServ/LexUriServ.do?uri=OJ:L:2003:345:0097:0105:PT:PDF>. Acesso em: novembro de 2011.

[318] Alteração do prazo fixado para o cumprimento dos deveres do operador, com redução ao mínimo possível para os estabelecimentos novos; ampliação dos mecanismos de planejamentos para além das áreas descritas como de risco, com abrangência de áreas de lazer e outras próximas; o dever de informação *ex ante* das medidas a tomar em caso de acidente, atualizado e oficioso, relativamente a todas as pessoas e todos os estabelecimentos que recebam o público (como as escolas ou os hospitais) suscetíveis de serem afetados por um acidente grave; o dever de as empresas envolvidas fornecerem formação em medidas reactivas e paliativas aos funcionários da empresa, com vista à maximização do potencial do Plano de Emergência interno e à sua própria segurança.

revogação daquela que continua em vigor. Ficaram excluídas da atuação da Diretiva 2003/105: as instalações militares; os perigos associados às radiações ionizantes, o transporte rodoviário, ferroviário, aéreo, por vias navegáveis interiores e marítimas de substâncias perigosas; o transporte de substâncias perigosas e as descargas de resíduos.[319]

Com relação à prevenção de acidentes graves, merece destaque, ainda, o Regulamento n° 1.726/2003,[320] do Parlamento e Conselho Europeu. A regulamentação surgiu em atenção à recomendação feita pela comunicação da Comissão sobre a segurança do transporte marítimo de hidrocarbonetos, que propôs a retirada de serviço dos petroleiros de casco simples, até a data limite de 2015, quando deve acontecer a total substituição por casco duplo. Por certo, fator de grande peso na edição do Regulamento foi a preocupação de evitar que novas catástrofes ambientais transfronteiriças, como a do navio Prestige,[321] voltassem a acontecer. Na resolução de 21 de novembro de 2002, sobre a catástrofe do petroleiro, o Parlamento Europeu apelou à tomada de medidas mais rigorosas que pudessem entrar em vigor o mais rapidamente, e declarou que o novo desastre com um petroleiro vinha mais uma vez sublinhar a necessidade de uma ação efetiva em nível internacional e comunitário.

Além das diretivas, inúmeras decisões do Conselho e comunicações da Comissão Europeia ao Parlamento têm se ocupado do tema relativo à catástrofe e à atuação da defesa civil em nível de bloco. A fim de contribuir para a redução de toda espécie de riscos (tanto naturais quanto tecnológicos) e de preparar a gestão das situações de urgência

---

GOMES, Carla Amado. Catástrofes naturais e acidentes industriais graves na União Europeia: a prevenção à prova nas diretivas Seveso, op. cit., p. 22-23.

[319] Directiva 96/82/CE, já citada.

[320] UNIÃO EUROPÉIA. Regulamento (CE) 1726/2003 do Parlamento Europeu e do Conselho, de 22 de Julho de 2003. Altera o Regulamento (CE) n. 417/2002 relativo à introdução acelerada dos requisitos de construção em casco duplo ou equivalente para os navios petroleiros de casco simples. Disponível em: <http://eur-lex.europa.eu/LexUriServ/LexUriServ.do?uri=OJ:L:2003:249:0001:0004:PT:PDF>. Acesso em: 11 nov. 2001.

[321] Em 13 de novembro de 2002, o barco denominado Prestige sofreu um rombo no casco junto à costa da Galiza (Espanha). Quando naufragou, dia 19, provocou a maior catástrofe ecológica europeia, ao libertar parte das 77 mil toneladas de óleo que transportava. Mais de 2600 quilómetros da costa espanhola foram afetados nos meses seguintes Um relatório da organização ambientalista internacional WWF – World Wildlife Fondation –, um ano depois do acidente, quantificou em pelo menos 64 mil toneladas a quantia de óleo libertada para o mar e, dessas, entre cinco a dez mil continuavam à deriva. Só nos três meses a seguir ao acidente foram recolhidas em Portugal 439 aves marinhas atingidas pela maré negra, das quais 186 ainda vivas, que foram enviadas para tratamento. A pesca foi também prejudicada pelo desastre ecológico, não só em Espanha, mas também em Portugal, uma vez que os consumidores recearam comer peixe poluído. Prestige: acidente do petroleiro foi há quatro anos. Público, 13 nov, 2006. Disponível em: <http://www.publico.pt/Sociedade/prestige-acidente-do-petroleiro-foi-ha-quatro-anos-1276417>. Acesso em 11 de out. de 2011.

que daí decorrem, a União Europeia criou um mecanismo de cooperação para as intervenções de emergência e dotou-se de programas para o financiamento de ações em prol da proteção civil.

Mediante a decisão do Conselho nº 2007/779/CE,[322] estabeleceu-se um mecanismo de cooperação cujo objetivo é melhorar a coordenação das atividades dos serviços de proteção civil em grandes emergências devido a acidentes de caráter natural, tecnológico, radiológico ou ambiental (incluindo a poluição marinha acidental), ou atos terroristas que aconteceram ou possam acontecer tanto dentro como fora da União Europeia (UE). O órgão operacional do mecanismo é o Centro de Informação e Vigilância (CIV), com base na Comissão Europeia, em Bruxelas. Através do CCI, que está disponível 24 horas por dia, a Comissão pode facilitar a mobilização dos meios de proteção civil dos Estados-Membros em caso de emergência. Qualquer país afetado por uma grande catástrofe ou em risco de sofrimento dentro ou fora da UE, pode solicitar assistência diretamente a um Estado-Membro ou através de CCI. Neste caso, o CCI encaminha a solicitação a uma rede de contatos (países), que indicarão se são capazes de fornecer assistência. Em seguida, a central informará ao país solicitante as disponibilidades de ajuda, e esse, após selecionar o tipo de assistência necessária, entrará em contato com a nação que ofereceu auxílio. O centro fornece apoio técnico, como o acesso a imagens de satélite, e desempenha um papel central na coleta de dados e divulgação de informações regularmente atualizadas aos países participantes.[323]

Fortemente influenciada pelas catástrofes ocorridas no Haiti, as inundações no Paquistão e a explosão da Plataforma de Petróleo no Golfo do México, a Comunicação da Comissão ao Parlamento Europeu e ao Conselho, de 26 de outubro de 2010, intitulada "Reforçar a capacidade de resposta europeia a situações de catástrofe: papel da proteção civil e da ajuda humanitária", apresenta uma série de propostas para reforçar a capacidade de resposta da União Europeia (UE) a situações de catástrofe natural ou de origem humana. A nova estratégia visa a facilitar a mobilização de competências e de recursos em matéria de proteção civil e de ajuda humanitária. Estas propostas baseiam-se em duas novas disposições do Tratado de Lisboa: o artigo 196 do Tratado sobre o Funcionamento da União Europeia (TFUE), que permite ao bloco me-

---

[322] Decisão do Conselho 2007/779/CE – estabelece um Mecanismo Comunitário no domínio da Protecção Civil. *Jornal Oficial da União Européia*, p. 314- 319. Disponível em: <http://eur-lex.europa.eu/LexUriServ/LexUriServ.do?uri=OJ:L:2007:314:0009:0019:PT:PDF>. Acesso em março de 2012.

[323] Neste sentido, relevante destacar a Decisão 2007/162/CE, Euratom, de 5 de março de 2007, que institui um instrumento de financiamento para a Protecção Civil.

lhorar a coordenação europeia em situação de catástrofe, e o artigo 122 do TFUE, que prevê a constituição de uma ajuda financeira de solidariedade. A cláusula de solidariedade consiste na obrigação de os Estados-Membros se ajudarem mutuamente em caso de catástrofe natural ou de origem humana no território da União Europeia.[324]

---

[324] Comunicação da Comissão ao Parlamento Europeu e ao Conselho, COM (2010). Reforçar a capacidade de resposta europeia a situações de catástrofe: papel da proteção civil e da ajuda humanitária. Jornal Oficial da União Europeia, p. 1-15.

4. Direito dos desastres e responsabilidade civil do Estado

O Direito dos Desastres é um ramo multidisciplinar que se relaciona com diversas áreas de aplicação do Direito, tais como: propriedade, ordenamento do solo, direito dos seguros, direito dos contratos, direito do ambiente, direito administrativo. Dentre eles, o presente capítulo destaca o âmbito da responsabilidade civil do Estado.[325]

Historicamente, a responsabilidade civil do Estado tem sido alvo de grandes mudanças. Evoluiu do conceito da irresponsabilidade absoluta para a responsabilidade subjetiva e desta para o da responsabilidade sem culpa, ou seja, objetiva.[326]

Uma retrospectiva da perspectiva histórica constitucional brasileira demonstra que até a Constituição de 1934 a responsabilidade civil do Estado pautou-se pela teoria subjetiva. Com o advento da Constituição de 1946, houve a adoção expressa do princípio da responsabilidade objetiva, sendo o elemento culpa previsto apenas para assegurar a ação de regresso da pessoa jurídica de direito público contra os funcionários causadores do dano.[327]

Atualmente, a Constituição Federal Brasileira de 1988 positiva a responsabilidade civil do Estado no artigo 37, § 6°:

As pessoas jurídicas de direito público e as de direito privado prestadoras de serviços públicos responderão pelos danos que seus agentes, nessa qualidade, causarem a terceiros, assegurado o direito de regresso contra o responsável nos casos de dolo ou culpa.

Em conformidade com a determinação constitucional, o artigo 43 do Código Civil prevê que:

---

[325] FARBER, Daniel. "Symposium Introduction: Navigating the Intersection of Environmental Law and Disaster Law", p. 1.791.

[326] STOCCO, Rui. *Tratado de Responsabilidade Civil*. São Paulo: RT, 2007, p. 994.

[327] CAHALI, Yussef Said. *Responsabilidade Civil do Estado*. 4ª ed. São Paulo: Revista dos Tribunais, 2012, p. 28-29.

> As pessoas jurídicas de direito público interno são civilmente responsáveis por atos dos seus agentes que nessa qualidade causem danos a terceiros, ressalvado direito regressivo contra os causadores do dano, se houver, por parte destes, culpa ou dolo.

Nessa linha, para configurar-se a responsabilidade objetiva da regra constitucional, basta a verificação do nexo de causalidade entre procedimento comissivo ou omissivo da Administração Pública e o evento danoso verificado como consequência.[328]

Submetido a esse regime da responsabilidade, o Estado assume função preventiva, voltada à internalização dos custos com prevenção e à mudança do *modus operandi* na condução de situações de risco ou de dano.[329] Tais medidas são basilares para a gestão dos riscos dos desastres. Consoante já mencionado, o direito dos desastres encontra sua unidade peculiar na necessidade de um enlaçamento circular de estratégias de gestão dos riscos e dos perigos que permeiam todos os processos a eles inerentes (da prevenção à reconstrução). Essa circularidade apresenta uma rede de estratégias em interação, cujo cerne deve sempre ser a administração dos riscos e sua mitigação.

O entrelaçamento dos ramos da responsabilidade civil do Estado com o dos desastres tem-se afirmado na seara extracontratual e, comumente, sob a perspectiva da omissão. Entende-se por responsabilidade patrimonial extracontratual do Estado "a obrigação que lhe incumbe de reparar economicamente os danos lesivos à esfera juridicamente garantida de outrem e que lhe sejam imputáveis em decorrência de comportamentos unilaterais, ilícitos ou lícitos, comissivos ou omissivos, materiais ou jurídicos".[330]

Em que pese a opção constitucional pela responsabilidade objetiva, não há consenso doutrinário e jurisprudencial a respeito. Indubitavelmente, a maior dificuldade aparece quando da caracterização da responsabilidade civil em caso de omissão. Nessa linha, as opiniões divergentes alternam entendimento entre os que defendem a aplicabilidade do artigo 37, § 6º, da Constituição, tanto para a ação quanto para a omissão do poder público; e os que entendem que, em caso de omissão, caberia a adoção da teoria da responsabilidade subjetiva, na modalidade da culpa administrativa. Apesar de observar-se que ambas geram, ao fim, o dever de indenizar, a intersecção entre o dever da

---

[328] Importante observar, entretanto, que pelo artigo 225 do texto constitucional, a expressão "meio ambiente", alçada à categoria de direito fundamental, bem dotado de transindividualidade, condiciona não apenas a atuação Estatal, mas toda a coletividade.

[329] Nesse sentido, CARVALHO, Délton Winter de. *Dano Ambiental Futuro*. 2ª ed. Porto Alegre: Livraria do Advogado, 2013, p. 99-101.

[330] MELLO, Celso Antônio Bandeira de. *Curso de Direito Administrativo*. São Paulo: Malheiros, 2010, p. 993.

Administração de indenizar por dano causado em decorrência de desastre nasce sob o sol das mesmas inquietações da responsabilidade civil em geral.

No julgamento do Agravo Regimental no Recurso Extraordinário nº 633.138/DF,[331] o Supremo Tribunal Federal destacou a hipótese de exceção à regra constitucional, nos casos em que a lesão decorrer de omissão Estatal.

> De acordo com o disposto no art. 37, § 6º, da CF, o Estado responde objetivamente pelos danos que seus agentes, nessa qualidade, causarem a terceiros. Essa regra geral, de acordo com a jurisprudência e doutrina, sofre exceção quando a lesão decorrer de omissão. Nessa hipótese, o Estado responde subjetivamente pelos danos que a falha no serviço causar. Ocorre culpa quando o serviço não funciona, funciona mal, ou funciona intempestivamente. Assim, tratando-se de ato omissivo do Poder Público, a responsabilidade civil por esse ato é subjetiva. Imprescindível, portanto, a demonstração de dolo ou culpa, esta numa de suas três modalidades – negligência, imperícia ou imprudência. Destaque-se, ainda, que não é necessário individualizar a responsabilidade, pois pode ser atribuída ao serviço público de forma genérica, ou seja, à falta do serviço.

Na direção da decisão da Suprema Corte, Celso Antônio Bandeira de Mello[332] assenta que a simples relação entre a ausência do serviço e o dano sofrido não bastam, por si, para configurar a responsabilidade Estatal. Assim, a responsabilização do ente púbico dependeria dos seguintes critérios: que haja incorrido em ilicitude, por não ter impedido o dano ou por ter sido insuficiente neste mister, e que exista a obrigação legal de impedir certo evento danoso. Nessa senda, "é razoável que o Estado responda objetivamente pelos danos que causou. Mas só é razoável e impositivo que responda pelos danos que não causou quando estiver de direito obrigado a impedi-los".[333] Assim:

> Se o Estado não agiu, não pode ser o autor do dano. E se não foi autor, só cabe responsabilizá-lo caso esteja obrigado a impedir o dano, isto é, no caso de descumprimento de um dever legalmente imposto. Logo, a responsabilidade por ato omissivo do Estado seria sempre responsabilidade por ato ilícito proveniente de negligência, imprudência ou imperícia (culpa), o que remete à responsabilização com base na teoria da responsabilidade subjetiva. Nesse caso, a responsabilidade Estatal não restaria configurada apenas pela demonstração da ausência do serviço e o dano sofrido, dependendo da imposição legal de atuação Estatal naquela circunstância, sob pena de excessiva e abusiva puni-

---

[331] Na mesma linha: BRASIL. Supremo Tribunal Federal. Agravo Regimental no Recurso Extraordinário nº 633.138/DF. Primeira Turma. Min. Luiz Fux. Dje: 21.09.2012. BRASIL. Recurso Especial nº 135.542/ MS. Segunda Turma. Min. Castro Meira. DJe: 29.08.2005.

[332] MELLO, Celso Antônio Bandeira de. *Curso de Direito Administrativo*. São Paulo: Malheiros, 2010, p. 1010-1013. No mesmo sentido: STOCCO, Rui. *Tratado de Responsabilidade Civil*. 7ª ed. São Paulo: RT, 2007, p. 997. "Portanto, na responsabilidade Estatal por omissão, a referência é sempre sobre o elemento subjetivo, dolo ou culpa. Se o Estado não tem o dever de agir, sua inação é inteiramente inócua para efeito de responsabilidade".

[333] Idem, p. 1014.

ção. Essa hipótese permite que o Estado demonstre que não houve omissão dolosa ou culposa, o que pode ilidir sua responsabilidade.[334]

Cavalieri Filho,[335] por seu turno, destaca a relevância da distinção entre omissão genérica e específica. Trata-se da situação de o Estado ter apenas o dever de evitar o resultado, ou estar obrigado a praticar ação, em razão de específico dever de agir, respectivamente. Nesse sentido, "não se afigura correta a afirmação de que qualquer hipótese proveniente da omissão Estatal deva ser encarada, inevitavelmente, pelo ângulo subjetivo". Assim o será quando se tratar de omissão genérica. Entretanto, se estiver obrigado a agir, haverá omissão específica, e a responsabilidade será objetiva.

Outra parte da doutrina[336] assevera que "não há nada de substancial que justifique um tratamento radicalmente distinto entre ações e omissões, pois o sistema brasileiro consagra a aplicação imediata das normas definidoras dos direitos fundamentais oponíveis inclusive perante o Poder Público". Segundo tal raciocínio, as condutas comissivas ou omissivas, uma vez presente o liame causal, serão ilícitas em sentido amplo, se e quando violarem direitos fundamentais.

Em termos aproximados, Canotilho[337] observa que ao lado do direito ao ambiente, ramo profundamente influenciado pelo direito dos desastres, situa-se um direito à proteção do ambiente, que toma forma de deveres de proteção (*Schutzpflichten*) do Estado, expressando-se em diversos deveres, dentre eles, o de combater os perigos (concretos) incidentes sobre o ambiente, a fim de garantir e proteger outros direitos fundamentais imbricados com ele (direito à vida, à integridade física, à saúde etc.).

Nessa senda, o Direito dos Desastres apresenta algumas singularidades capazes de modernizar o Direito Ambiental, uma vez que os

---

[334] Em sentido semelhante: LEAL, Rogério Gesta. A responsabilidade civil do estado brasileiro por omissão em face de desastres e catástrofes naturais causadoras de danos materiais e imateriais a terceiros. *Revista da Ajuris*, v. 37, n. 119, set., 2010, p. 185-235. A respeito da temática: BRASIL. Recurso Especial nº 1172421/ SP. Segunda Seção. Min. Luis Felipe Salomão. DJe: 19.09.2012. BRASIL. Recurso Especial nº 888420 / MG. Primeira Turma. Min. Luiz Fux. DJe: 27.05.2009.

[335] FILHO, José dos Santos Cavalheri. *Programa de Responsabilidade Civil*. São Paulo: Atlas, 2010, p. 252.

[336] FREITAS, Juarez. Responsabilidade Civil do Estado, a omissão inconstitucional e o princípio da proporcionalidade. In: GUERRA, Alexandre *et al* (coord). *Responsabilidade civil do Estado*: desafios contemporâneos. São Paulo: Quartier Latin, 2010, p. 225. Para o autor: Merece realce que desponta novo horizonte no campo hermenêutico sobre a responsabilidade estatal por omissão. Claro que subsistem decisões que seguem o escrutínio da responsabilidade subjetiva do Estado por omissão. Todavia, avança a consciência de que, perante a omissão do Pode Público, o proporcional, ao menos em nosso meio, é reputar irrelevante a consideração sobre culpa ou dolo (exceto em relação ao agente), pois o essencial é conferir importância à noção dos deveres fundamentais do Estado. Idem, p. 235.

[337] CANOTILHO, José Joaquim Gomes. O direito ao ambiente como direito subjetivo. In: ——. *Estudos sobre direitos fundamentais*. Coimbra: Coimbra Editora, 2004, p. 188.

desastres são causados ou exacerbados, constantemente, pelas falhas da regulação ambiental,[338] consistindo em eventos formados por falhas ao longo do tempo cumulativamente. Neste sentido, o Direito dos Desastres efetua inegavelmente destacadas contribuições ao Direito Ambiental dirigindo uma maior atenção a questões referentes à exposição desigual aos riscos, compensação como mitigação dos riscos,[339] resiliência social,[340] desigualdade e vulnerabilidade,[341] fornecendo, assim, uma visão mais ampla dos sistemas sociais e circunstâncias que envolvem os desastres e suas causas.[342] Este ramo jurídico, marcado pela complexidade, destacada magnitude de suas consequências e indeterminação dos seus riscos, perigos e danos ambientais, tem a condição de trazer novos perfis de análise e tratamento jurídico ao direito ambiental e à responsabilidade civil em suas questões mais cotidianas.

Pelo prisma da configuração do Estado Socioambiental de Direito, Sarlet[343] pontua que "a questão da segurança ambiental toma um papel central, assumindo o ente estatal a função de resguardar os cidadãos contra novas formas de violação de sua dignidade e dos seus direitos fundamentais por força do impacto ambiental produzido pela sociedade de risco contemporânea".

Aliada à noção de segurança ambiental surge a tese de que a ideia de *justiça ambiental*[344] "justificaria a responsabilidade do Estado de indenizar e atender aos direitos fundamentais das pessoas atingidas pelos desastres ambientais decorrentes dos efeitos das mudanças climáticas, já que, na maioria das vezes, as pessoas mais expostas a tais fenômenos climáticos (enchentes, desabamentos de terra, secas etc.) serão aquelas integrantes do grupo mais pobre da população, as quais, após a ocorrência do episódio climático, terão perdido o pouco que possuíam (casa, bens materiais indispensáveis à sobrevivência etc.) e não terão condições

---

[338] FARBER, Daniel. "Symposium Introduction: Navigating the Intersection of Environmental Law and Disaster Law", 1.786.

[339] Idem, p. 1785.

[340] Idem, p. 1.805.

[341] Acerca da vulnerabilidade e desigualdade envolvendo os desastres ver: CUTTER, Susan L.. *Hazards, Vulnerability and Environmental Justice*. London: Earthscan, 2006; FARBER, Daniel. "Disaster Law and Inequality". *Law and Inequality*. v. 25, n. 2, 2007, p. 1-19.

[342] FARBER, Daniel. "Symposium Introduction: Navigating the Intersection of Environmental Law and Disaster Law", p. 1807.

[343] SARLET, Ingo; FESTENSEIFER, Tiago. *Estado Socioambiental e Direitos Fundamentais*. Porto Alegre: Livraria do Advogado, 2010.

[344] Sobre a ideia de justiça ambiental e de um Estado de Justiça Ambiental, conferir a obra de MORATO LEITE, José R.; AYALA, Patryck A. de. *Direito ambiental na sociedade de risco*. São Paulo: Forense Universitária, 2002, p. 28-39.

econômicas de acessar os bens sociais necessários a uma vida digna.[345] Nesse sentido, o desvaforecimento econômico e cultural de alguns cidadãos reforçaria o dever do Estado de tutelar os direitos fundamentais e a dignidade de tais pessoas, inclusive sob perspectiva da sua responsabilização por condutas omissivas em face do seu dever de proteção ambiental quando guardem alguma relação causal, mesmo que indireta, com os danos patrimoniais e extrapatrimoniais sofridos por tais pessoas".[346]

Em oportunidade cujo foco de análise era a qualificação do tipo de responsabilidade imputável ao Estado, com clareza, manifestou-se o Supremo Tribunal Federal:[347]

> A qualificação do tipo de responsabilidade imputável ao Estado, se objetiva ou subjetiva, constitui circunstância de menor relevo quando as instâncias ordinárias demonstram, com base no acervo probatório, que a inoperância estatal injustificada foi condição decisiva para a produção do resultado danoso. Precedentes: RE 237561, rel. Min. Sepúlveda Pertence, Primeira Turma, DJ 05.04.2002; RE 283989, rel. Min. Ilmar Galvão, Primeira Turma, DJ 13.09.2002. Agravo regimental a que se nega provimento" (AI nº 600.652/PR-AgR, Segunda Turma, Relator o Ministro Joaquim Barbosa, DJe de 24/10/11).

No âmbito do direito dos desastres, a questão ainda carece de uma definição. Denota-se, contudo, grande aproximação entre as duas concepções, na medida em que ambas as qualificações, por culpa anônima do serviço público, ou independente do elemento subjetivo, conduzem ao dever de indenizar. Entende-se, todavia, que a hipótese de responsabilização excetua-se diante da existência de alguma causa excludente de responsabilidade. A extensão do conceito de responsabilidade objetiva para a doutrina e jurisprudência que a adota é o tema abordado na sequência.

4.1. Responsabilidade do Estado, exclusão do nexo de causalidade e a ecocomplexidade dos desastres

A extensão do conceito de responsabilidade objetiva do Estado tem se pautado conforme a teoria que lhe sirva de fundamento. O de-

---

[345] FESTENSEIFER, Tiago. A responsabilidade do estado pelos danos causados às pessoas atingidas pelos desastres ambientais associados às mudanças climáticas: uma análise à luz dos deveres de proteção ambiental do Estado e da proibição de insuficiência na tutela do direito fundamental ao ambiente. E-book *Responsabilidade Civil e Mudança Climática*. Planeta Verde, p. 79-109. Disponível em <http://www.planetaverde.org/mudancasclimaticas/index.php?ling=por&cont=artigos.> Acesso em 2010, p. 10.

[346] Idem, p. 9.

[347] BRASIL. Supremo Tribunal Federal. Agravo Regimental no Recurso Extraordinário n°680.730/Paraíba. Primeira Turma. Relator: Min. Dias Toffoli. Dje: 14.08.2012.

bate surge diante da possibilidade de exclusão ou não do nexo de causalidade. Dentre as modalidades que conformam o debate estão: o risco administrativo e o risco integral.

Em apertada síntese, a teoria do risco administrativo importa atribuir ao Estado a responsabilidade pelo risco criado em função da atividade administrativa. Embora dispense a prova da culpa da Administração, permite ao Estado afastar sua responsabilidade nos casos de exclusão do nexo causal – fato exclusivo da vítima, caso fortuito, força maior e fato exclusivo de terceiro.[348] A teoria do risco integral, modalidade extremada da doutrina do risco administrativo, obriga a reparação de todo e qualquer dano, não admitindo nenhuma causa de excludente de responsabilidade.[349]

Como bem coloca Freitas:[350]

> A responsabilidade extracontratual objetiva do Estado não pode ser entendida como imputação cega do dever indenizatório. Tal entendimento mostrar-se-ia conducente ao destempero do risco absoluto. Ao revés, acolhe-se a presunção *juris tantum* da existência do nexo de causalidade, resguardadas as citadas excludentes. A exclusão do nexo causal é admitida nas seguintes hipóteses: culpa concorrente (excludente parcial), ato ou fato de terceiro (geralmente total); força maior,[351] caso fortuito e "a impossibilidade motivada de cumprimento do dever (a reserva do possível deve ser alegada e provada).

Boa parte da doutrina brasileira tem adotado a teoria objetiva de responsabilidade civil do Estado, sob a modalidade mitigada do risco administrativo.[352]

---

[348] FILHO, José dos Santos Cavalieri. *Programa de Responsabilidade Civil*. São Paulo: Atlas, 2010, p. 243.

[349] Idem, p. 244.

[350] FREITAS, Juarez. *Responsabilidade Civil do Estado, a omissão inconstitucional e o princípio da proporcionalidade*. Op. cit., p. 224.

[351] Segundo o artigo 393, parágrafo único, do Código Civil Brasileiro, "o caso fortuito ou de força maior verifica-se no fato necessário, cujos efeitos não era possível evitar ou impedir".

[352] Nesse sentido: CAHALI, Yussef Said. *Responsabilidade Civil do Estado*. 4ª ed. São Paulo: Revista dos Tribunais, 2012, p. 38. FILHO, Marçal Justen. *Curso de Direito Administrativo*. São Paulo: Saraiva, 2010. Para Marçal, a afirmação da existência de responsabilidade objetiva deve ser interpretada em termos. Não há, na opinião do autor, responsabilidade objetiva do Estado, mas presunção da culpabilidade derivada da existência de um dever de diligência especial. Tanto é assim que, se a vítima tiver concorrido para o evento danoso, o valor de uma eventual condenação será minimizado. Op. cit., p. 1258. FILHO, José dos Santos Cavalieri. *Programa de Responsabilidade Civil*. São Paulo: Atlas, 2010, p. 246. SILVA, Almiro do Couto. A responsabilidade extracontratual do Estado no Direito Brasileiro. *Revista de Direito Administrativo*, n. 202, out/dez, 1995, p. 23. FREITAS, Juarez. Responsabilidade Civil do Estado, a omissão inconstitucional e o princípio da proporcionalidade. In: GUERRA, Alexandre *et al* (coord). *Responsabilidade civil do Estado*: desafios contemporâneos. São Paulo: Quartier Latin, 2010.

A esse respeito, por ocasião do julgamento dos Embargos Declaratórios no Recurso Extraordinário com Agravo n° 65. 277/MG, assentou o Min. Celso de Mello:[353]

> Sabemos que a teoria do risco administrativo, consagrada em sucessivos documentos constitucionais brasileiros, desde a Carta Política de 1946, revela-se fundamento de ordem doutrinária subjacente à norma de direito positivo que instituiu, em nosso sistema jurídico, a responsabilidade civil objetiva do Poder Público, pelos danos que seus agentes, nessa qualidade, causarem a terceiros, por ação ou por omissão (CF, art. 37, § 6º). Essa concepção teórica – que informa o princípio constitucional da responsabilidade civil objetiva do Poder Público, tanto no que se refere à ação quanto no que concerne à omissão do agente público – faz emergir, da mera ocorrência de lesão causada à vítima pelo Estado, o dever de indenizá-la pelo dano pessoal e/ou patrimonial sofrido, independentemente de caracterização de culpa dos agentes estatais ou de demonstração de falta do serviço público, não importando que se trate de comportamento positivo ou que se cuide de conduta negativa daqueles que atuam em nome do Estado. É certo, no entanto, que o princípio da responsabilidade objetiva não se reveste de caráter absoluto, eis que admite abrandamento e, até mesmo, exclusão da própria responsabilidade civil do Estado nas hipóteses excepcionais configuradoras de situações liberatórias – como o caso fortuito e a força maior – ou evidenciadoras de ocorrência de culpa atribuível à própria vítima (RDA137/233 – RTJ 55/50 – RTJ 163/1107 – 1109, v.g.). Impõe-se destacar, neste ponto, na linha da jurisprudência prevalecente no Supremo Tribunal Federal (RTJ 163/1107-1109, Rel. Min. CELSO DE MELLO – AI 299.125/SP, Rel. Min. CELSO DE MELLO, v.g.), que os elementos que compõem a estrutura e delineiam o perfil da responsabilidade civil objetivado Poder Público compreendem: (a) a alteridade do dano, (b) a causalidade material entre o *eventus damni* e o comportamento positivo (ação) ou negativo (omissão) do agente público, (c) a oficialidade da atividade causal e lesiva imputável a agente do Poder Público, que, nessa condição funcional, tenha incidido em conduta comissiva ou omissiva, independentemente da licitude, ou não, do seu comportamento funcional (RTJ140/636), e (d) a ausência de causa excludente da responsabilidade estatal (RTJ 55/503 – RTJ 71/99 – RTJ 91/377 – RTJ 99/1155 – RTJ 131/417).

Diante da possibilidade de imputação de responsabilidade civil ao Estado por desastre, uma das excludentes mais alegadas como tese defensiva e, portanto, objeto de análise do Poder Judiciário, é a força maior. Em que pese a sabida falta de consenso doutrinário sobre a diferença entre caso fortuito e força maior, entende-se que para ensejar a exclusão de uma relação de causalidade, a força maior requer a concorrência de eventos estranhos à atividade administrativa e ao funcionamento dos serviços públicos. Seus elementos conceituais são: a imprevisibilidade, a irresistibilidade e a exterioridade. É precisamente o critério da exterioridade o que distingue a força maior e o caso fortuito (interno ao serviço ou atividade pública). Logo, esse último até pode

---

[353] BRASIL. Supremo Tribunal Federal. Embargos Declaratórios no Recurso Extraordinário com Agravo n° 65. 277/MG. Segunda Turma. Min. Celso de Mello. DJE: 12.06.2012.

caracterizar-se pela imprevisibilidade ou inevitabilidade, mas não pela externalidade.[354]

Se por um lado se pode dizer que os riscos imprevisíveis são, por definição, ingovernáveis, por outro, há que ter em mente que a imprevisibilidade como fator determinante de existência de força maior é relativa no tempo e no espaço, pois o avanço tecnológico torna quase remota a hipótese da imprevisibilidade absoluta. Hoje, raros eventos são absolutamente imprevisíveis. A partir dessa leitura, há uma limitação da exclusão de responsabilidade por força maior que, para sua caracterização, requer que o fato seja imprevisível ou, se previsível, inevitável.

Para Cahali,[355] os pressupostos para a aplicação da pretensão ressarcitória prevista constitucionalmente seriam: o evento danoso, o nexo de causalidade e a qualidade do agente na prática do ato. Nessa linha, deslocando-se a questão para o campo da causalidade, qualquer que seja a qualificação que se pretenda atribuir ao risco como fundamento da responsabilidade objetiva do Estado permite a atenuação da responsabilidade, quando fatores outros, voluntários ou não, tiverem contribuído, provocando o rompimento do nexo de causalidade. E prossegue o autor:

> O prejuízo de que se queixa o particular tem que ser conseqüência da atividade ou omissão administrativa. A responsabilidade da administração pública, desvinculada de qualquer fator subjetivo, pode, por isso, ser afirmada independente da demonstração de culpa, mas será sempre submetida à demonstração de que foi o serviço público que causou o dano sofrido pelo autor, pois não está obrigado o Estado a indenizar se inexistir vínculo entre a omissão ou falha e o dano causado.

A análise e demonstração dessa relação causal e sua exclusão é a pedra de toque em matéria de responsabilidade civil por desastre. Em virtude do caráter difuso, biocumulativo e multifacetados dos seus fatores desencadeadores, a demonstração do nexo causal ligando um dano à omissão Estatal ganha contornos de ecocomplexidade.[356] A complexidade ambiental, presente nos desastres, é incompatível, em mui-

---

[354] FRAGA, Jesús J. *La reparación de los danos catastróficos*: catástrofes naturales, administración y derecho público: responsabilidade, seguro y solidariedad. Madrid: Marcial Pons; Ediciones Jurídicas e Sociales, 2000, p. 35-37.

[355] CAHALI, Yussef Said. *Responsabilidade Civil do Estado*. São Paulo: Revista dos Tribunais, 2012, p. 38-42.

[356] Acerca desta denominação, ver: LUHMANN, Niklas. *Sistemas Sociales*: lineamentos para uma teoria general, p. 53. (nota nº 54). Sobre os efeitos da ecocomplexidade no Direito: CARVALHO, Délton Winter de. Aspectos Epistemológicos da Ecologização do Direito: reflexes sobre a formação dos critérios para análise da prova científica. *Scientia Iurídica*. n. 324, tomo LIX, Braga: Universidade do Minho, 2010.

tos casos, com a individualização e a pessoalidade, características da teoria tradicional da responsabilidade civil.[357]

Se as teorias clássicas (causalidade adequada[358] ou da equivalência das condições[359]) acerca do nexo causal já se mostravam inadequadas para o entendimento da complexidade que marca os danos ambientais de forma genérica, com muito mais razão são insuficientes para a fundamentação da responsabilização diante da ocorrência de alguns desastres. Tais teorias têm por fundamento a avaliação de elementos eminentemente fáticos, que dificultam a prova do nexo causal para eventos ocorridos em setores em que a atividade esteja estreitamente vinculada ao desenvolvimento científico.[360]

A mudança climática, um dos elementos desencadeadores de desastres, impõe à responsabilidade civil Estatal um fenômeno de *causalidade complexa*.[361] A identificação de responsáveis determinados e, sobretudo, a caracterização de um nexo de causalidade adequado é extremamente difícil, pois parte-se da premissa de que tais danos são resultados de um modelo civilizatório, e, por isso, caracterizam-se por sua origem histórica e difusa. Nesse caso, nem a responsabilização objetiva parece solucionar a questão, posto que a identificação da relação entre o nexo de causalidade e o dano, requisito básico para sua configuração, apresenta-se prejudicado.

Típico reflexo da formação da Sociedade Pós-Industrial, a mudança climática é produto de mais de uma causa concorrente, muitas vezes simultânea ou sucessiva e não linear. Consequentemente, a reparação

---

[357] TEUBNER, Günter. The invisible Cupola: from causal to collective attribution in ecological liability. In: TEUBNER, Günter; FARMER, Lindsay; MURPHY, Declan. *Environmental law and Ecological responsibility:* the concept and practice of ecological self-organization. Chichester/New York: John Wiley &Sons, 1994, p. 22.

[358] Para a teoria da causalidade adequada há a seleção, entre as diversas possíveis causas, daquela que apresente significativa probabilidade de ter ocasionado, de forma direta ou imediata, o dano ou criado um risco intolerável para a ocorrência do risco em questão. LEITE, José Rubens M.; CARVALHO, Délton W. de. O nexo de causalidade na responsabilidade civil por danos ambientais. *Revista de Direito Ambiental*, v. 47, p. 77-95, 2007, p. 88. Ainda a respeito do tema: STEIGLEDER, Annelise M. A imputação da responsabilidade civil por danos ambientais associados às mudanças climáticas. *Revista de Direito Ambiental*, v. 58, p. 223-257, 2010.

[359] Para esta teoria, o liame causal estará configurado sempre que o dano possa ser vinculado a um fator de risco inerente à atividade, sem a necessidade de comprovação ou identificação da causalidade a uma atividade determinada. Idem.

[360] CATALÁ, Lúcia G. *Responsabilidad por dãnos al medio ambiente*. Pamplona: Arazandi Editorial, 1998, p. 164.

[361] Segundo Benjamin, essa causalidade complexa advém da interação entre o mau funcionamento técnico ou tecnológico, erros humanos e procedimentos de segurança inadequados, o que cria enormes dificuldades em termos de causalidade, pois raramente há um único responsável. BENJAMIN, Antônio Herman V. Responsabilidade Civil pelo dano ambiental. *Revista de Direito Ambiental*, v 9. São Paulo, p.7-11, jan., 1998.

dos danos causados por um desastre que tenha como um de seus componentes causais a mudança climática não é tarefa simples. Não por outra razão, a identificação do nexo nesses casos é praticamente impossível, o que não raramente pode conduzir à exclusão do nexo pela força maior e pelo caso fortuito. Para lidar com esse cenário e minimizar as dificuldades impostas pela causalidade complexa, algumas estratégias podem ser adotadas pela dogmática jurídica. Uma delas seria o afrouxamento da carga probatória do nexo causal, fugindo-se dos limites restritos da quase certeza (típica da noção tradicional e individualista da responsabilidade civil), seja pela inversão do ônus da prova (a administração fazendo a prova da exclusão do nexo),[362] seja pela profunda

---

[362] Acerca da possibilidade de inversão do ônus da prova em matéria ambiental, independentemente de quem seja o responsável pela infração, destaca-se trecho de acórdão da lavra do Min. Hermann Benjamin: "Qualquer que seja a qualificação jurídica do degradador, público ou privado, no Direito brasileiro a responsabilidade civil pelo dano ambiental é de natureza objetiva, solidária e ilimitada, sendo regida pelos princípios do poluidor-pagador, da reparação *in integrum*, da prioridade da *reparação in natura*, e do favor *debilis*, este último a legitimar uma série de técnicas de facilitação do acesso à Justiça, entre as quais se inclui a inversão do ônus da prova em favor da vítima ambiental. Precedentes do STJ". Superior Tribunal de Justiça. *Recurso Especial nº 1.071.741/SP*. Segunda Turma. Relator: Min. Hermann Benjamin. Julgado em: 24/03/2009, DJe:16/12/2010. Em análise de situação concreta diferente, mas também a cerca da hipótese de inversão do ônus da prova em matéria ambiental, leciona o mesmo Ministro do STJ: PROCESSUAL CIVIL E AMBIENTAL. AÇÃO CIVIL PÚBLICA. RESPONSABILIDADE CIVIL AMBIENTAL. CONTAMINAÇÃO COM MERCÚRIO. ART. 333 DO CÓDIGO DE PROCESSO CIVIL. ÔNUS DINÂMICO DA PROVA. CAMPO DE APLICAÇÃO DOS ARTS. 6º,VIII, E 117 DO CÓDIGO DE DEFESA DO CONSUMIDOR. PRINCÍPIO DA PRECAUÇÃO. POSSIBILIDADE DE INVERSÃO DO ONUS PROBANDI NO DIREITO AMBIENTAL. PRINCÍPIO *IN DUBIO PRO NATURA*. O regime geral, ou comum, de distribuição da carga probatória assenta-se no art. 333, *caput*, do Código de Processo Civil. Trata-se de modelo abstrato, apriorístico e estático, mas não absoluto, que, por isso mesmo, sofre abrandamento pelo próprio legislador, sob o influxo do ônus dinâmico da prova, com o duplo objetivo de corrigir eventuais iniquidades práticas (a *probatio* diabólica, p. ex., a inviabilizar legítimas pretensões, mormente dos sujeitos vulneráveis) e instituir um ambiente ético-processual virtuoso, em cumprimento ao espírito e letra da Constituição de 1988 e das máximas do Estado Social de Direito. No processo civil, a técnica do ônus dinâmico da prova concretiza e aglutina os cânones da solidariedade, da facilitação do acesso à Justiça, da efetividade da prestação jurisdicional e do combate às desigualdades, bem como expressa um renovado *due process*, tudo a exigir uma genuína e sincera cooperação entre os sujeitos na demanda. O legislador, diretamente na lei (= *ope legis*), ou por meio de poderes que atribui, específica ou genericamente, ao juiz (= *ope judicis*), modifica a incidência do *onus probandi*, transferindo-o para a parte em melhores condições de suportá-lo ou cumpri-lo eficaz e eficientemente, tanto mais em relações jurídicas nas quais ora claudiquem direitos indisponíveis ou intergeracionais, ora as vítimas transitem no universo movediço em que convergem incertezas tecnológicas, informações cobertas por sigilo industrial, conhecimento especializado, redes de causalidade complexa, bem como danos futuros, de manifestação diferida, protraída ou prolongada. No Direito Ambiental brasileiro, a inversão do ônus da prova é de ordem substantiva e *ope legis*, direta ou indireta (esta última se manifesta, p. ex., na derivação inevitável do princípio da precaução), como também de cunho estritamente processual e *ope judicis* (assim no caso da hipossuficiência da vítima, verossimilhança da alegação ou outras hipóteses inseridas nos poderes genéricos do juiz, emanação natural do seu ofício de condutor e administrador do processo). Como corolário do princípio *in dubio pro natura*, "Justifica-se a inversão do ônus da prova, transferindo para o empreendedor da atividade potencialmente perigosa o ônus de demonstrar a segurança do empreendimento, a partir da interpretação do art. 6º, VIII, da Lei 8.078/1990 c/c o art. 21 da Lei 7.347/1985, conjugado ao Princípio Ambiental da Precaução" (REsp 972.902/RS, Rel. Min. Eliana Calmon, Segunda Turma, DJe 14.9.2009), técnica

consideração do julgador a respeito conhecimento disponível ao administrador a respeito da probabilidade e previsibilidade de consumação de um determinado evento da natureza.

A doutrina espanhola[363] trata da Teoria das Probabilidades, segundo a qual incertezas científicas não devem conduzir a incertezas jurídicas. Importante ressaltar que, apesar de ser uma teoria que propõe a flexibilização da prova do nexo causal, não se trata de teoria de presunção de causalidade, mas de um instrumento hermenêutico destinado a facilitar a prova do nexo causal à vítima.[364] Assim, não é suficiente a existência de dano e de uma atividade perigosa, devendo haver uma relação de probabilidade entre eles.[365] Sensível à complexidade e às incertezas científicas, essa teoria estabelece que o legitimado ativo não estará obrigado a demonstrar a relação de causa e consequência com exatidão, pois a configuração do nexo se dará sempre que o juiz obtiver a convicção e que existe uma "probabilidade determinante" ou "considerável".[366]

A análise da responsabilidade civil do Estado diante dos desastres depende de uma observação cientificamente ancorada, que leve em consideração a possibilidade de adoção das teorias de flexibilização do nexo causal *quando necessário*. Tal observação se justifica porque erigido à condição de pressuposto suficiente para a determinação da responsabilidade do Estado, o nexo causal nem sempre aparece com a necessária precisão e clareza, o que transparece especialmente nos casos de atos omissivos da Administração, substancialmente identificados como *falha anônima do serviço*. Tais ponderações não impedem, entretanto, que o juiz verifique se o ato omitido seria razoavelmente

---

que sujeita aquele que supostamente gerou o dano ambiental a comprovar "que não o causou ou que a substância lançada ao meio ambiente não lhe é potencialmente lesiva" (REsp 1.060.753/SP, Rel. Min. Eliana Calmon, Segunda Turma, DJe 14.12.2009). Superior Tribunal de Justiça. Recurso Especial nº 883656 / RS. Segunda Turma. Relator: Min. Herman Benjamin. Julgado em: 09.03.2010. DJe, 28/02/2012. Como bem atenta Milaré a inversão do ônus probatório deve ser analisada conforme as especificidades de cada caso concreto, com o cuidado de evitar que sua aplicação cause desequilíbrios processuais. MILARÉ, Édis. *Direito do ambiente*: a gestão ambiental em foco: doutrina , jurisprudência, glossário. São Paulo: Revista dos Tribunais, 2009, p. 1096. No contexto da responsabilidade do Estado por desastre merece atenção a concepção da teoria dinâmica do ônus da prova, segundo a qual deve produzi-la aquele que tiver as melhores condições. RODRIGUES, Marcelo A. *Processo civil Ambiental*. São Paulo: Revista dos Tribunais, 2008, p. 146-147.

[363] CATALÁ, Lúcia G. *Responsabilidad por dãnos al medio ambiente*. Pamplona: Arazandi Editorial, 1998.

[364] Na doutrina brasileira acerca da Teoria das Probabilidades, ver: CARVALHO, Délton Winter de. *Dano Ambiental Futuro*: a responsabilização civil pelo risco ambiental. 2ª ed. Porto Alegre: Livraria do Advogado, 2013, p. 157-163.

[365] LEITE, José Rubens M.; CARVALHO, Délton W. de. O nexo de causalidade na responsabilidade civil por danos ambientais. *Revista de Direito Ambiental*, v. 47, p. 77-95. 2007.

[366] CATALÁ, Lúcia G. *Responsabilidad por dãnos al medio ambiente*. Op. cit., p. 164-166.

exigível, para se deduzir da sua omissão ou falha a causa primária do prejuízo do reclamado.

4.2. Responsabilidade civil do Estado e desastre: aportes da recente jurisprudência brasileira

A temática é bastante recente nos Tribunais, mas já permite uma análise preliminar. Até o momento, as divergências acerca das matérias ventiladas nos tópicos anteriores comumente refletem posturas divergentes dentro de um mesmo tribunal. De todo modo, resta evidenciado que chuvas torrenciais, inundações, deslizamentos e loteamentos irregulares não têm sido enfrentados pela jurisprudência brasileira como simples atos da natureza ou meros "desastres naturais". Pelo contrário, verifica-se que tais situações vêm sendo confrontadas com a atuação Estatal diante do caso concreto.

Nessa perspectiva, quando o caso em questão aponta para a omissão estatal, seja diante de uma tragédia coletiva, ou de um indivíduo que se sinta abalado em sua estrutura material ou imaterial, a jurisprudência tem oscilado entre a responsabilização objetiva e subjetiva. No primeiro caso, o Estado responde pelo descumprimento de um *dever jurídico de agir*. Configurado esse primeiro requisito, surgindo um dano e havendo o nexo causal, estaria configurado o dever de indenizar. A segunda teoria exige a comprovação da *falta do serviço*, isto é, o cidadão deveria inicialmente comprovar que o serviço público inexiste ou existe, mas foi prestado tardiamente, ou mesmo prestado a tempo foi considerado deficiente. Senão vejamos.

> APELAÇÃO CÍVEL. RESPONSABILIDADE CIVIL. ESTADO. OMISSÃO. RESPONSABILIDADE SUBJETIVA. QUEDA DE ARVORE. FORÇA MAIOR. DEVER DE INDENIZAR NÃO CONFIGURADO. Em se tratando da conduta omissiva, a responsabilidade civil do Estado é subjetiva perante os danos causados ao particular e está subordinada à prova dos danos e do nexo de causalidade entre a ausência ou má prestação do serviço público e o evento danoso e a culpa. Hipótese dos autos em que configurada a excludente de responsabilidade. Força maior. Excesso de chuvas e em proporções demasiadas e atípicas, fora dos padrões normais de previsibilidade e inevitabilidade, pressupostos caracterizadores da excludente de responsabilidade da força maior. Apelo desprovido.

A ementa retrata súmula de decisão de ação indenizatória proposta contra o Município de Osório.[367] A autora, possuidora de uma propriedade que faz divisa com um terreno da Prefeitura Municipal,

---

[367] RIO GRANDE DO SUL. Tribunal de Justiça. Apelação Cível n. 70046936092. Nona Câmara Cível. Relator: Des. Paulo Roberto Lessa Franz. Julgado em: 29.02.2012.

alegou que: (i) o Município efetuou reforma e obras mexendo com a estrutura do terreno, o que levou a queda de um galho de árvore, responsável pela destruição da sua garagem; (ii) que o município sofre grandes chuvas e ventos e que a prefeitura, sendo sabedora desta situação deveria agir com mais cautela em relação às árvores localizadas em áreas urbanas; (iii) que antes do ocorrido já havia procurado a demanda para que removesse a árvore. Contudo, segundo fundamento da relatoria do acórdão, a autora afirma ter solicitado ao requerido que retirasse a árvore, pois estava ameaçando a segurança de sua residência, entretanto não juntou qualquer prova (documental ou testemunhal) capaz de demonstrar a conduta ilícita (negligência) do Município em relação à manutenção da árvore. Em contraposição, esse último demonstrou, por meio de laudo pericial, que na noite do sinistro ocorreram chuvas intensas e rajadas de ventos típicas de um ciclone extratropical, o que foi considerado suficiente para caracterizar a força maior e excluir a responsabilidade do ente público. Resumidamente: a queda do galho sobre a residência da autora deu-se em decorrência de um excesso de chuvas atípicas e em proporções demasiadas, fugindo a previsão e evitabilidade pelo Município. Trata-se, pois, da chamada *força maior*, caracterizada por *evento inevitável e extremado*, suficiente a afastar a responsabilidade civil por omissão. (grifo nosso)

No julgamento da Apelação Cível nº 70048454888,[368] a 10ª Câmara Cível do Tribunal de Justiça do Rio Grande do Sul, também sob a análise do prisma da teoria subjetiva, confirmou a responsabilidade civil por omissão do Município de Porto Alegre em virtude da falta do serviço. A ação de indenização por danos materiais e morais teve como fatos de origem alagamentos que atingiram a residência da autora, causados pelo transbordamento de arroio localizado em área próxima. A omissão do serviço restou caracterizada pela ausência de realização de obras tendentes a evitar a inundação do arroio em questão, ou a atenuar seus efeitos. A condenação ao pagamento de danos materiais e morais fundou-se na impossibilidade do reconhecimento das causas de excludente de ilicitude no caso em questão, posto que intempéries do tempo são cada vez mais previsíveis.

OMISSÃO DO ESTADO. *FAUTE DU SERVICE*. RESPONSABILIDADE SUBJETIVA. Em se tratando de ato imputado ao ente público por omissão, a presença do dever de indenizar é de ser analisada sob o prisma da teoria subjetiva, sendo imprescindível a demonstração de uma conduta dolosa ou culposa por parte do agente público, do dano suportado pela vítima e do respectivo nexo de causalidade.

---

[368] RIO GRANDE DO SUL. Apelação Cível n. 70048454888. Décima Câmara Cível. Relator: Des. Paulo Roberto Lessa Franz. Julgado em: 31.05.2012.

DEVER DE INDENIZAR. CULPA CONFIGURADA. OMISSÃO DO PÚBLICO NA MANUTENÇÃO DO ARROIO. Hipótese em que restou evidenciada a omissão no Estado na manutenção das águas públicas, deixando de realizar obras tendentes a evitar a inundação do arroio, ou a atenuar seus efeitos. Não configuração de caso fortuito ou força maior como excludentes da responsabilidade. Previsibilidade de intempéries do tempo, cabendo à Administração Pública a adoção de medidas capazes de minimizar os efeitos decorrentes da ação das chuvas. Ausência de limpezas, drenagens ou desassoreamento que foi determinante para o alagamento das residências próximas. Precedentes desta Corte. Presente o nexo causal entre a omissão do estado e o dano sofrido pela vítima, impõe-se a manutenção da sentença no que tange ao reconhecimento do dever de indenizar.

DANOS MATERIAIS. COMPROVAÇÃO. Comprovada a danificação de bens que guarneciam a residência da autora, deve o requerido responder pelos prejuízos materiais. Valor pleiteado que se revela razoável e não foi objeto de impugnação especifica pelo requerido, impondo-se o seu acolhimento. Sentença confirmada, no ponto.

DANOS MORAIS. OCORRÊNCIA. São evidentes os transtornos decorrentes do alagamento, em grandes proporções, de uma residência, estando caracterizado o *danum in re ipsa*, o qual se presume, conforme as mais elementares regras da experiência comum, prescindindo de prova quanto ao prejuízo concreto. Condenação mantida.

Entretanto, o mesmo Tribunal de Justiça[369] tem responsabilizado objetivamente o poder público em caso de omissão, imputando-lhe indenizações por danos patrimoniais e, em determinados casos, extrapatrimoniais. Notadamente em situações de inundações e realização de obras para regularização do seu fluxo hídrico, destaca-se extrato de julgado, de onde podem ser vislumbrados alguns critérios de imputação adotados por essa linha de entendimento:

APELAÇÃO CÍVEL. RESPONSABILIDADE CIVIL. ALAGAMENTO DE RESIDÊNCIA. ENCHENTE. ARROIO FEIJÓ. LEGITIMIDADE PASSIVA DO ESTADO. RESPONSABILIDADE OBJETIVA DO ENTE PÚBLICO. OMISSÃO NA REALIZAÇÃO DE OBRAS DE MANUTENÇÃO DO FLUXO DO CURSO HÍDRICO DE ÁGUAS PÚBLICAS. Danos patrimoniais e extrapatrimoniais evidentes. Manutenção das indenizações fixadas na sentença. Tratando de responsabilidade civil do Estado por omissão, aplica-se a teoria da responsabilidade civil objetiva, segundo a qual deve o cidadão comprovar a omissão, o dano e o nexo causal. A omissão capaz de gerar o dever de indenizar está relacionada com o descumprimento de um dever jurídico de agir. Exigibilidade de conduta, examinada a partir do princípio da proporcionalidade e das situações do caso concreto. Em casos de inundações ou enchentes, a responsabilidade do Estado consiste na omissão administrativa na realização das obras necessárias à prevenção, diminuição ou atenuação dos efeitos decorrentes das enchentes de águas públicas, ainda que verificadas fortes e contínuas chuvas. Danos Patrimoniais. Os danos suportados pela parte autora decorrentes da situação (alagamento da sua residência) igualmente são evidentes. Precedentes do TJ/RS. Manutenção do quantum indenizatório, consideradas as pecu-

---

[369] RIO GRANDE DO SUL. Apelação Cível n. 70042861070. Nona Câmara Cível. Relator: Leonel Pires Ohlweiler. Julgado em: 19/10/2011.

liaridades do caso concreto e o entendimento da jurisprudência desta Corte em casos idênticos.[370]

Em sentido análogo, não apenas à responsabilidade do Estado por omissão em casos de inundações por enchente, mas de aprovação de loteamentos em áreas de risco, a Apelação Cível nº 70050997683[371] pontua que, dentre outros pontos, o artigo 3º, da Lei nº 6.766/79 estabelece um conjunto de restrições ao exercício da competência administrativa para a aprovação de loteamentos. Dentre eles está a do inciso I, qual seja, restrição de parcelamento em terrenos sujeitos a inundações. Nesse sentido, destaca-se a decisão:

> Inviável que seja afastada a responsabilidade civil do demandado pelo frágil argumento de que a autora tinha conhecimento de que o seu imóvel se encontrava nas proximidades do Rio Paranhana, uma vez que o loteamento foi aprovado pela própria municipalidade. De igual modo, além de autorizar indevidamente o projeto do loteamento antes que fossem adotadas as medidas preventivas necessárias, e atestar a regularidade mediante a expedição de "habite-se", o demandado deixou de exercer sua função fiscalizatória, pelo que ficou configurada sua conduta negligente como causa determinante do fato (alagamento da residência da autora), porquanto se omitiu no desenvolvimento de políticas públicas adequadas, com a finalidade de dotar o município de um sistema eficaz e eficiente para escoamento das águas da chuva. O fato de se tratar de um município situado próximo a um rio não exime o demandado dos prejuízos decorrentes de inundações provocados por precipitação pluviométrica volumosa; pelo contrário, pois tal condição, oriunda das características da região em que está localizada a cidade, exige uma atuação ainda mais eficaz do Poder Público, no sentido de dotar a infraestrutura urbana de sistema capaz de impedir ou ao menos reduzir as consequências oriundas de fortes chuvas.

Logo, para a linha jurisprudencial que considera a responsabilidade objetiva do Estado por atos omissivos, dentre os aspectos mais importante estão: *exigibilidade da conduta estatal*, invocada como causa do dano, o que deverá ser problematizado em cada caso concreto, sob a lupa da razoabilidade e da proporcionalidade. Tal exigibilidade deve, ainda, ser vislumbrada sob a ótica do descumprimento de um dever jurídico, e se esse último seria plenamente exigível do Poder Público.[372]

---

[370] RIO GRANDE DO SUL. Apelação Cível nº 70051566867. Nona Câmara Cível. Relator: Leonel Pires Ohlweiler. Dje: 04.03.2013.

[371] Apelação cível. Reexame necessário. Responsabilidade Civil. Ação de indenização por danos patrimoniais e extrapatrimoniais. Alagamento da propriedade da autora. Enchente. Responsabilidade objetiva do ente público. Ação administrativa de licenciar indevidamente loteamento. Omissão na realização de obras para escoamento das águas pluviais. Exceção de suspeição. Alegação preclusa. Danos patrimoniais *quantum* indenizatório dos danos extrapatrimoniais. Atualização monetária e compensação da mora após a Lei nº 11.960/09. Custas processuais. RIO GRANDE DO SUL. Apelação Cível nº 70050997683. Nona Câmara Cível. Relator: Leonel Pires Ohlweiler. DJe: 03.12.2012.

[372] RIO GRANDE DO SUL. Apelação Cível nº 70042861070. Nona Câmara Cível. Relator: Leonel Pires Ohlweiler. DJe: 24.10.2011.

No julgamento da ação indenizatória cumulada com obrigação de fazer proposta por em face do Município de Mendes, o Tribunal de Justiça do Rio de Janeiro,[373] tendo por base a teoria da responsabilidade objetiva, na modalidade do risco administrativo, julgou improcedente o recurso de apelação que visava à condenação de um Município por omissão, devido à ausência de comprovação do nexo de causalidade entre o fato e o dano sofrido. Na ocasião, a autora alegou que o córrego localizado próximo à sua residência estaria obstruído por pedras que dificultavam o fluxo da água, o que teria causado a inundação de seu terreno e o consequente desmoronamento do imóvel. Para o tribunal:

> DESMORONAMENTO DE IMÓVEL. NEXO DE CAUSALIDADE. AUSÊNCIA DE COMPROVAÇÃO. FORTES CHUVAS. A regra contida na Constituição da República preconiza que as pessoas jurídicas de direito público e as de direito privado prestadoras de serviços públicos respondem pelos danos que seus agentes causarem a terceiros (CRFB, artigo 37, § 6º). A Lei Maior adotou a teoria da responsabilidade objetiva, cuja marca característica é a desnecessidade de o lesado provar a existência da culpa do agente ou do serviço, bastando, por outro lado, a existência de três pressupostos para se configurar esse tipo de responsabilidade: o fato administrativo, o dano e o nexo causal. Ao lesado incumbe demonstrar que o prejuízo sofrido se originou da conduta estatal, sem qualquer consideração sobre dolo ou culpa. A imposição desta responsabilidade, dita objetiva, não acarreta, entretanto, o permanente dever de indenizar, pelo simples surgimento de um dano ao particular. Adotando o nosso legislador a doutrina do risco administrativo e não integral, pode se ter a presença de excludentes de responsabilidade, sendo possível checar, com isto, se foi o particular quem obrou ou foi forçado a obrar com culpa, dando causa ao evento ou a ocorrência de caso fortuito ou força maior. Em outras palavras, o lesado deve comprovar que existe nexo de causalidade entre a conduta do ente estatal e o dano sofrido. A não se exigir tal comprovação, responsabilizar-se-ia o Estado por todos os danos sofridos pelos indivíduos, como se fora um garantidor universal. Narra o autor que o córrego localizado próximo à sua residência estava obstruído por pedras que dificultavam o fluxo da água, o que causou a inundação de seu terreno e as lesões indicadas na inicial. Entretanto, deixou de fazer prova de que a conduta, comissiva ou omissiva, do ente federativo tenha influído no resultado danoso. Por outro lado, restou evidenciado o excesso de chuvas ocorrido no período da inundação e que causou a decretação de estado de emergência e calamidade pública em vários Municípios do Estado do Rio de Janeiro, o que corrobora a tese defensiva de inexistência de omissão e, consequentemente, de responsabilidade civil. Desse modo, diante da ausência de comprovação do nexo de causalidade entre o fato e o dano sofrido, não pode recair sobre o apelado o dever de ressarcir civilmente o apelante dos danos materiais sofridos. Recurso a que se nega seguimento.

Os julgamentos colacionados representam apenas uma amostra do entendimento jurisprudencial Brasileiro acerca da matéria. Observa-se, contudo, que independente da corrente adotada, acautela-se a

---

[373] RIO DE JANEIRO. Apelação Cível n. 0000202-61.2009.8.19.0032. Terceira Câmara Cível. Relator: Des. Mario Assis Gonçalves. Julgado em 24.05.2012.

jurisprudência no sentido de não levar a extremos a concepção de risco integral e absoluto da atividade da Administração. Essa postura parece clara ao menos em relação às inundações, enchentes, transbordamento e deslizamento, quando predomina o entendimento de que há possibilidade de exclusão do nexo de causalidade, em clara oposição à teoria do risco integral. Todavia, descabe invocar-se a escusa do caso fortuito ou força maior, quando, ao lado do fenômeno "imprevisível" haja a omissão da Administração Pública, como concausa do fato lesivo, uma vez que, nestas hipóteses, há uma confluência de nexos causais, decorrendo o dano não apenas do caso fortuito ou força maior, mas igualmente da ação ou omissão estatal.

Em interessante julgado relacionado à exclusão de responsabilidade do Estado por omissão em função de fato exclusivo da vítima, o Tribunal de Justiça do Rio de Janeiro entendeu não caber ao Município a obrigação de indenizar, quando vítima de deslizamento anterior tenha se negado à opção de remoção oferecida pelo ente da Administração. Trata-se de relevante abordagem de situação recorrente em matéria de desastre, especialmente, para os Estados que possuem áreas de risco mapeadas.[374]

> Ação de obrigação de fazer c/c indenizatória. Fornecimento de moradia. Ausência de direito subjetivo. Área de risco. Recusa dos autores em sair do local. Responsabilidade civil objetiva. Nexo causal não demonstrado. Sentença de improcedência. Manutenção. Pretensão de que o Município do Rio de Janeiro seja condenado a providenciar moradia dotada de infraestrutura mínima (sala, dois quartos, cozinha, banheiro e garagem) localizada nas imediações da comunidade em que residem os recorrentes, além de indenização por danos morais e materiais. Não se nega que o direito à moradia é consagrado na constituição da república com o *status* de direito fundamental social. Todavia, o plano-diretor do Município do Rio de Janeiro não ampara a pretensão de se impor à edilidade o fornecimento de moradia nos moldes pretendidos. Os autores edificaram irregularmente em área de risco e, nada obstante sua residência haja sido atingida pelo deslizamento havido em 2006, optaram por permanecer no local, construindo outro imó-

---

[374] Nesse sentido, relevante lembrar que a Lei 12.608/2012 alterou a redação do artigo 3º da Lei 12.340/2010, o qual passou a vigorar com a seguinte redação: Art. 3º-B. Verificada a existência de ocupações em áreas suscetíveis à ocorrência de deslizamentos de grande impacto, inundações bruscas ou processos geológicos ou hidrológicos correlatos, o município adotará as providências para redução do risco, dentre as quais, a execução de plano de contingência e de obras de segurança e, quando necessário, a remoção de edificações e o reassentamento dos ocupantes em local seguro. § 1º A efetivação da remoção somente se dará mediante a prévia observância dos seguintes procedimentos: I – realização de vistoria no local e elaboração de laudo técnico que demonstre os riscos da ocupação para a integridade física dos ocupantes ou de terceiros; e II – notificação da remoção aos ocupantes acompanhada de cópia do laudo técnico e, quando for o caso, de informações sobre as alternativas oferecidas pelo poder público para assegurar seu direito à moradia. § 2º Na hipótese de remoção de edificações, deverão ser adotadas medidas que impeçam a reocupação da área. § 3º Aqueles que tiverem suas moradias removidas deverão ser abrigados, quando necessário, e cadastrados pelo Município para garantia de atendimento habitacional em caráter definitivo, de acordo com os critérios dos programas públicos de habitação de interesse social.

vel, não tendo aceitado a opção de remoção sugerida pelo Município, nos termos do relatório de assistência social acostado aos autos. Eventuais danos advindos de tal decisão não podem ser imputados ao Município, que realizou as obras necessárias de contenção no local. Recurso desprovido.[375]

A partir das posições doutrinárias e julgados colacionados, entende-se que a análise da relação entre responsabilidade civil do Estado por omissão deve ser ponderada, criteriosa e sensível ás características dos elementos potencializadores dos desastres. Nessa perspectiva, o apego à demonstração irrefutável do nexo de causalidade e à certeza absoluta do risco não aparece como opção evolutiva ou promissora, pois os desastres não são eventos lineares. Tal consideração deve refletir no momento da análise da prova preventiva do risco ambiental de um desastre, permitindo a hipótese da prova indiciária ou indireta probabilística quando da impossível determinação através da prova direta.[376]

Por certo, em que pese a Constituição de 1988 tenha adotado, para fins de responsabilidade do ente estatal objetiva, a teoria do risco administrativo, essa não pode significar risco integral. Não parece aceitável que a relação desastre x responsabilidade civil do Estado por desastre (individual ou coletivo) deva partir da absoluta presunção de culpa de qualquer das partes. Por outro lado, a responsabilidade civil envolvendo desastres requer uma releitura do tradicional instituto, o que parte da flexibilização dos seus elementos como, por exemplo, a busca do tradicional e certo nexo causal, ligando uma ação ou omissão a um dano. Nesse âmbito, a abertura cognitiva ou disponibilidade do Direito a assimilar informações multidisciplinares e externas ao sistema é de grande importância para a avaliação da imputação de responsabilidade frente aos desastres. Ademais, o Direito dos Desastres trabalha com um círculo de gestão do risco, de maneira que a responsabilização do Estado nessas circunstâncias não está apenas voltada à reparação de danos, mas à prevenção e mitigação.

Partindo-se do pressuposto de que os riscos típicos dos desastres são geridos por dois programas de decisão (prevenção e precaução),

---

[375] RIO DE JANEIRO. Apelação Cível N. 0193579-61.2007.8.19.0001. Segunda Câmara Cível. Relator: Des. Elizabete Filizzola. Julgado em: 15/08/2012. Diante de situações como a ventilada no julgado, Gesta Leal questiona se seria razoável exigir do ente federativo o comportamento de retirada de pessoas que advertidamente ocupam áreas de risco. Prossegue o autor: "Retirar à força essas pessoas e colocá-las onde? Reassentá-las com dinheiro público, considerando que foram elas que criaram a situação em que se encontram?" LEAL, Gesta Rogério. A responsabilidade civil do estado brasileiro por omissão em face de desastres e catástrofes naturais causadoras de danos materiais e imateriais a terceiros. *Revista da Ajuris*, v. 37, n. 119, set., 2010, p. 227.

[376] Nesse sentido, CARVALHO, Délton W. de. A construção probatória para a declaração jurisdicional da ilicitude dos riscos ambientais. *Revista da Ajuris*, Porto Alegre, n. 123, v. 38, p. 33-62, 2011.

esses devem servir de orientação e padrão probatório para regular riscos de diferentes intensidades. Nesse âmbito, o *binômio probabilidade e magnitude*[377] atua como uma equação dinâmica, capaz de produzir diferentes decisões dependendo da intensidade dos riscos. A formação de uma regulação para situações de riscos de desastres tem relação direta com a expansão das categorias de análise de prova científica, legitimando decisões *sem a necessidade de prova conclusiva, mediante a análise probabilística e a inserção da incerteza científica como elementos de ponderação probatória e decisão*.[378] Eventos futuros, por evidente, lançam um grande destaque sobre as presunções, sendo estas um poderoso aliado do processo para a prova de fatos de difícil verificação, considerando que eventos futuros somente podem ser provados indiretamente.[379] Afinal, o futuro é, sob o ponto de vista epistemológico, sempre incerto,[380] inatingível por meio da construção de juízos de certeza, só podendo ser percebido por meio da probabilidade.[381]

Ao decidirem ações que aglutinem os tópicos responsabilidade civil do Estado e desastres, os tribunais pátrios frequentemente se depararão com a obrigatoriedade de ter de enfrentar o que não é claro ou certo sequer para a ciência. Para avançar no propósito constitucional de garantia de um ambiente ecologicamente equilibrado para as presentes e futuras gerações, o direito precisa desatrelar-se do atrofiamento causado pelo horizonte do passado (certeza) e presente (atualidade do dano). Atualmente, com alguma exceção, as observações tradicionais do direito em matéria de responsabilidade civil refutam a reparabilidade do *dano hipotético ou eventual*, exigindo a certeza e atualidade do dano. Diante da probabilidade de ocorrência de um desastre, essa postura parece demasiadamente restritiva, especialmente diante do tipo de risco atrelado a essa espécie de evento: abstrato, incerto, muitas vezes invisível, com efeitos globais e transtemporais.

---

[377] Acerca da aplicação do binômio probabilidade/magnitude no Direito Ambiental para gestão jurisdicional do risco, ver: CARVALHO, Délton Winter de. *Dano Ambiental Futuro*: a responsabilização civil pelo risco ambiental. 2ª ed. Porto Alegre: Livraria do Advogado, 2013.

[378] CARVALHO, Délton Winter de. Aspectos probatórios do dano ambiental futuro: uma análise sobre a construção probatória da ilicitude dos riscos ambientais. In: CALLEGARI, André Luís; STRECK, Lenio Luiz; ROCHA, Leonel Severo. (org.). *Constituição, sistemas sociais e hermenêutica*: anuário do Programa de Pós-Graduação em Direito da Unisinos: mestrado e doutorado. Porto Alegre: Livraria do Advogado, 2011, v. 8, p. 81-104.

[379] Idem, p. 13-16.

[380] BECK, Ulrich. *Risk Society*: towards a new modernity. London: Sage, 1992, p. 171; OST, François. *O Tempo do Direito*. Lisboa: Piaget, 2001, p. 328; LUHMANN, Niklas. *Risk*: a sociological theory. New Jersey: Aldine Transactions, 2002, p. 48-49.

[381] LUHMANN, Niklas. *Risk*: a sociological theory. New Jersey: Aldine Transactions, 2002, p. 48.

Assim, um regime de responsabilidade civil do Estado em caso de desastres deve, nos moldes das recomendações e conclusões da comissão constituída pelo Programa das Nações Unidas para o Meio Ambiente – PNUMA –, levar em consideração "tanto os ricos previsíveis quanto os imprevisíveis, assim como os danos presentes e futuros".[382]

O Direito dos Desastres deve proporcionar ao Judiciário a existência de decisões jurídicas que avaliem não apenas os danos oriundos de desastres já concretizados, mas, sobretudo, de situações de risco. Assim, o Direito dos Desastres deve ser vislumbrado não apenas como uma alternativa corretiva à ocorrência de um desastre e suas consequências (indenização, reconstrução), mas, sobretudo, como mais um aliado à noção de dano ambiental futuro[383] para potencializar a comunicação dos riscos ambientais no Direito.[384] Nesse passo, a constatação de alta probabilidade ou probabilidade determinante de comprometimento futuro do bem ambiental (no sentido macro e micro) ou de vidas humanas por risco de desastre, ensejaria a condenação do ente estatal às medidas preventivas necessárias (obrigação de fazer e não fazer), a fim de evitar sua concretização ou minimizar as consequências futuras de um desastre já ocorrido.

Por fim, pode-se dizer que a circularidade no gerenciamento dos riscos de desastres ambientais enfatiza, em todos os momentos de qualquer evento ambiental severo, a função dos aspectos preventivos da responsabilidade civil por riscos ambientais intoleráveis (riscos ilícitos) ante o dever de proteção estatal intergeracional constitucionalmente assegurado.

---

[382] PNUMA. Programa das Nações Unidas para o Meio Ambiente. *La Responsabilidad por el dano ambiental*. México: Oficina Regional para a América Latina e Caribe do PNUMA, 1996. Série Documentos sobre Derecho Ambiental, 5, p. 664.

[383] A caracterização do dano futuro faz-se possível a partir da teoria do risco (abstrato), em diferenciação ao seu sentido dogmático clássico – teoria do risco concreto –, que exige a ocorrência de um dano para a atribuição de responsabilidade civil. As mutações sociais ocorridas nos últimos séculos, que redundam em uma sociedade caracterizada pela produção de riscos globais, exigem do direito, cada vez mais, processos de tomadas de decisão em contextos de risco, antecipando-se à concretização dos danos futuros. Assim, ao contrário do que ocorre na teoria do risco concreto, não se pode exigir a ocorrência de um dano atual como condição *sine qua non* para imputação objetiva à atividade perigosa ou arriscada quando se está falando de dano ambiental futuro, sob pena de perda do seu sentido preventivo.

[384] CARVALHO, Délton W. de. *Dano Ambiental Futuro*. Op. cit., p. 125.

Conclusão

Desastres retratam a insuficiência e o colapso de estruturas governamentais e não governamentais que, por alguma razão (ausência de investimento, fiscalização, impossibilidade de ação ou omissão) vem-se obrigadas a pagar um alto preço pela reconstrução do caos.

Alguns fatores, aqui denominados *amplificadores de custos e riscos*, estão profundamente conectados à realidade a ser gerenciada pelo Direito dos Desastres, seja sob o ponto de vista legislativo ou jurisdicional. São eles: mudança climática, o desenfreado crescimento populacional, ocupações de áreas de risco e a desconsideração das estruturas verdes. Nem a dúvida, nem a incerteza são motivos suficientes a justificar a não ação do Direito e da Política nesses casos. Não agir diante da potencialidade de uma catástrofe é, em sí mesmo, muito arriscado.

O desenvolvimento de políticas públicas com vistas à redução dos riscos de desastres, a fiscalização e gestão dos riscos urbanos (naturais ou artificiais), a valorização das estruturas verdes (proteções naturais de uma cidade diante da violência de um desastre) e dos serviços ecossistêmicos, são tendências preventivas a serem desenvolvidas pelo Direito e pela Política dentro de suas competências constitucionais e agora, desde a edição da Lei 12.608/2012, também infraconstitucionalmente definidas.

No que concerne à racionalização dos desastres pelo Direito, duas vertentes paralelas aparecem como linhas de direção. A primeira delas diz respeito a uma principiologia própria, com forte ênfase para a prevenção, precaução, direito à informação, participação, educação, aproveitamento sustentável e protetivo das infraestruturas verdes e a correta utilização do solo urbano. Esses princípios ganham dimensões extremamente relevantes e aparecem como pilares, programas e faróis do dever ser da atuação sistêmica da Política e do Direito nessa trajetória. A segunda linha de atuação está ligada a necessária e urgente assimilação dos aportes de uma teoria do Direito capaz de gerir os novíssimos problemas sociais. O desafio aqui é maior para o Direito do que para a Política, vez que apresenta maior dificuldade de abertura à noção de futuro. Nesse escopo, o enfrentamento do choque paradigmático que vive o Direito, sua estruturação fundada numa dogmática tradicional em face dos novos problemas sociais e suas consequências ecológicas é inevitável.

As novas questões ecológicas ecocomplexas (tais como os desastres) entram cada vez mais em rota de colisão com o antropocentrismo, o individualismo e as estruturas tradicionais normativas do Direito, arraigadas a noção da certeza e do passado. Em viés totalmente oposto a essas noções, os desastres, fenômenos multicomplexos, requerem uma resposta do Direito que permita a assimilação dos riscos, que privilegie o antropocentrismo alargado e uma "epistemologia da complexidade". Não há como responder adequadamente a casos complexos de maneira simples, com decisões orientadas por opções com base no passado. Os desastres exigem, por assim dizer, maior abstração do Direito, dificuldade que pode ser suprida com a abertura cognitiva a outros ramos do conhecimento.

O abrandamento dessas questões é o grande desafio a ser enfrentado pelo Direito da contemporaneidade. Os últimos acontecimentos no País e, de forma bastante significativa, os da Região Serrana do Rio de Janeiro, deram clara demonstração da importância de um sistema bem preparado, seja em termos de pessoal qualificado (juízes e servidores) ou de estruturas físicas capazes de suportar estratégias para futuras ações. Em resposta a essa realidade, o plenário do CNJ aprovou, no dia 13 do mês de junho de 2012, a Recomendação nº 40, texto que "recomenda aos *Tribunais de Justiça dos Estados* quanto à elaboração de plano de ação para o enfrentamento e solução de situações decorrentes de calamidade e desastres ambientais".

Essa reação do direito às novas conflitualidades oriundas dos desastres situa o sistema como um dos agentes responsáveis pela decisão dos conflitos que lhe são submetidos. Representa, ainda, um farol da justiça ambiental e de atitudes condizentes com a proteção ecológica das presentes e futuras gerações ameaçadas pela hipótese de novos desastres. Todavia, a redução da complexidade gerada pelos desastres somente será possível com um Direito que utilize suas estruturas seletivas (processos, procedimentos, programas) para a assimilação do futuro e da gestão dos riscos.

A Política, por sua vez, tem papel crucial e dúplice na sistematização de um Direito dos Desastres. Diz-se dúplice porque pode ser dividido em política administrativa e política legislativa. Ambas, sem exceção, precisam melhorar no Brasil, especialmente no que diz respeito ao critério da prevenção. A estrutura administrativa da Defesa

Civil tem feito seu papel, mas encontra-se extremamente deficitária em termos de instrumentalização, necessitando de investimentos vultosos em pessoal e instrumentos de prevenção. Algumas medidas já foram tomadas com a criação do sistema de alerta e monitoramento, mas não o suficiente. Neste sentido, cabe mencionar que muitos municípios no Brasil nem contam com órgãos da Defesa Civil (essa obrigação foi criada pela Lei 12.340, em 2010). Os órgãos ambientais são outro braço do administrativo que têm papel relevantíssimo na gestão dos riscos a desastres, mas desde que o desenvolvam de forma ética e ambientalmente racional. Nesse âmbito, o licenciamento é um instrumento de política ambiental com papel fundamental, especialmente no que concerne às exigências e fiscalizações de projetos industriais potencialmente poluidores, como é o caso, por exemplo, das petrolíferas e usinas nucleares.

Através do Poder Legislativo, a Política tem a sua segunda oportunidade de responder aos desastres racionalmente. Essa resposta é estruturação de uma legislação integrada e sistemática, que seja capaz de reunir, em uma única lei ou talvez um código, as disposições mais relevantes para os desastres. A primeira legislação sobre desastres no Brasil, 12.340/2010, elaborada sob a forte pressão dos desastres acontecidos em 2010, traçou um panorama inédito sobre o tema, mas pecou ao priorizar diretrizes de recuperação em detrimento da prevenção.

A previsão explicita do princípio da precaução, a instituição de uma Política Nacional de Defesa Civil, a prevenção como vetor de metas, objetivos e políticas, a obrigatoriedade de mapeamento das áreas de risco, a criação de uma rede nacional de informações com o cadastro dos municípios que contenham áreas de risco e a definição de procedimento de prevenção, mitigação e remoção das pessoas de áreas consideradas inabitáveis e suscetíveis a desastres, dentre outras, são todas inovações da Lei 12.60/2012, a demonstrar que a estruturação legislativa do Direito dos Desastres no Brasil é uma realidade. Segundo diretriz da própria lei, os entes federativos deverão priorizar uma *abordagem sistêmica* das ações de prevenção, mitigação, preparação, resposta e recuperação de desastres.

O Direito dos Desastres pode ter elementos em comum e influenciar outros ramos do direito, como é o caso do ambiental, securitário, responsabilidade civil, contratos etc. Entretanto, possui uma característica muito peculiar, o que é elementar para a afirmação de um novo ramo do Direito, qual seja, a presença de um *"círculo de gestão do risco,"* dentro da *autopoiése* própria do sistema. Esse círculo é composto pelas seguintes estratégias ou elementos: mitigação, resposta de emergência, reconstrução e compensação, os quais deverão permear a prática do Direito e da Política de forma constante, circular e preventiva.

Assim como o Direito Ambiental, o Direito dos Desastres é uma disciplina aplicada e, portanto, fonte de mudança. Ambos os ramos trocam influências e auxílio mútuo, conforme salientado ao longo deste estudo. Essa influência é positiva na medida em que insere no sistema jurídico a disponibilidade e a necessidade de assimilar o futuro e a gestão do risco.

Aliado a essa perspectiva, o Direito dos Desastres rima com *ação*, sendo que *"a incerteza quanto ao risco não constituirá óbice"* para a adoção das medidas preventivas e mitigadoras. Esse mandamento da lei 12.608/2012 serve como antídoto à mora e a proteção deficiente. Essa ação (preventiva e recuperativa) teve ter em conta os princípios constitucionais, à cientificidade, a proporcionalidade, a razoabilidade e busca pela definição de critérios adequados que melhor atendam o caso concreto.

Resumidamente, o Direito dos Desastres abarca a difícil tríade principiológica de: *"ser verde"*, *"ser justo"* e *"manter a segurança"*, o que é possível a partir da eficiência do círculo de gestão do risco e da aplicabilidade concreta das noções de prevenção, participação, divisão de responsabilidades, dentre outras. Proteger as pessoas e os ecossistemas dos desastres requer o firme compromisso público, privado e da sociedade civil, no sentido de guardar e manter os sistemas naturais. Somem-se a isso, os esforços no sentido de redução dos níveis de vulnerabilidade e exposição humana e ecossistêmica e, finalmente, a aceitação de que o Direito deve assumir uma abordagem de prevenção e precaução sistêmica para a gestão de risco.

Referências

ANTUNES, Paulo de Bessa. *Direito Ambiental.* 8ª ed. Rio de Janeiro: Lumen Juris, 2005.

ARAGÃO, Alexandra. Princípio da precaução: manual de instruções. *Revista Centro de Estudos de Direito do Ordenamento, do Urbanismo e do Ambiente.* CEDOUA, n° 22, ano XI, Coimbra: Universidade de Coimbra, 2008.

——. A proteção do ambiente em rede: uma estratégia nacional, uma responsabilidade Européia. *Periódico do CIEDA e do CIEJD*, n.1 junho/dezembro, 2009. Disponível em: <http://www.europe-direct-aveiro.aeva.eu/debateeuropa/>. Acesso em: março de 2011.

——. ARAGÃO, Alexandra. *Dimensões Europeias do Princípio da Precaução,* p. 1-47. Disponível em: <http://www.estig.ipbeja.pt/~ac_direito/AAragao10.pdf>. Acesso em março de 2012.

ASIAN DISASTER REDUCTION CENTER. Multi-language. *Glossary on Natural Disasters.* Disponível em: http://image.adrc.asia/dbs/translate.asp?lang=en&query=disaster&qtype=1&source=EN&target=ES. Acesso em: 14 maio 2011.

BARNETT, Barry. US Government Natural Disaster Assistance: Historical Analysis and a Proposal for the Future. *Disasters,* v 23, n 2, p.139-155, 1999.

BECK, Ulrich. La dynamique politique de la société mondiale du risque. Institut du développement durable et des relations internationales. *Ideés pour Le Debát.* Paris, n. 1, 2001. Tradução: Bernard Guibert, Medd Institut du développement durable et des relations internationales. Disponível em: <http://www.iddri.org/Publications/Collections/Idees-pour-le-debat/id_0101_beck.pdf>. Acesso em junho de 2010.

——. "De la sociedad industrial a la del riesgo: cuestiones de supervivência, estructura social e ilustración ecológica". *Revista Occidente,* n. 150, 1993.

——. Viviendo en La sociedad Del Riesgo Mundial – CIDOB. Serie: *Dinámicas Interculturales,* n. 8. Tradutores: María Ángeles Sabiote González y Yago Mellado López. Barcelona, 2007.

——. BECK, Ulrich. *Risk Society*: Towards a New Modernity. London: Sage, 1992.

——. BECK, Ulrich. *La Sociedad del Riesgo Global.* Madrid: Siglo Vientiuno, 2002.

BERGH, R. FAURE, M. Compulsory Insurance of Loss to Property caused by Natural Disasters: Competition or Solidarity? *World Competition,* v 29, n 1, p. 25-54, 2006.

BENJAMIN, Antônio Herman V. "Constitucionalização do Ambiente e Ecologização da Constituição Brasileira". In: CANOTILHO, José Joaquim Gomes; LEITE, José Rubens Morato (orgs.) *Direito Constitucional Ambiental Brasileiro.* São Paulo: Saraiva, 2007.

——. Responsabilidade Civil pelo dano ambiental. *Revista de Direito Ambiental,* v 9. São Paulo, p.7-11, jan., 1998.

BIRKMANN, Jorn. Measuring vulnerability to promote disaster-resilient societies: *Conceptual frameworks and definitions.* Nova Deli: Teri Press, p. 7-54, 2006.

BRASIL. Constituição da República Federativa do Brasil de 1988. Brasília, DF, 5 de outubro 1988. Disponível em: <http://www.planalto.gov.br/ccivil_03/constituicao/constitui%C3%A7ao.htm>. Acesso em:15 set. 2011.

——. Comissão Especial – Medidas Preventivas e Saneadoras de Catástrofes Climáticas, Relatório elaborado pela comissão e apresentado no dia 10 de novembro do corrente ano, em Brasília. Disponível em: <http://www.glauberbraga.com.br/estatuto.php – pdf>. Acesso em 11 nov. 2011.

——. Lei 4.771, de 15 de setembro de 1965. Brasília, DF, 15 de setembro de 1965. Disponível em: <http://www.planalto.gov.br/ccivil_03/leis/L4771.htm>. Acesso em: 15 set.2011.

——. Decreto 7.513 de 1° de julho de 2011. Brasília, DF, 1° de julho de 2011. Disponível em: <http://www.planalto.gov.br/CCIVIL_03/_Ato2011-2014/2011/Decreto/D7513.htm>. Acesso em: 15 set. 2011.

——. Lei 10.257, de 10 de julho de 2001 Brasília, DF, 10 de julho de 2001. Disponível em: <http://www010.dataprev.gov.br/sislex/paginas/42/2001/10257.htm>. Acesso em: 15 set. 2011.

_____. Lei 11.977, de 07 de Julho de 2009. Brasília, DF, 07 de Julho de 2009. Disponível em: <http://www.planalto.gov.br/ccivil_03/_Ato2007-2010/2009/Lei/L11977>. Acesso em: 15 set. 2011.

_____. Lei 12.187/2009. Institui a Política Nacional de Mudanças Climáticas e dá outras providências. Presidência da República. Casa Civil, Subchefia para Assuntos Jurídicos, 2009. Artigo 12 parágrafo único. Disponível em: <http://www.planalto.gov.br/ccivil_03/_ato2007-2010/2009/lei/l12187.htm>. Acesso em 15 set. 2011.

_____. Lei 12.340 de 02 de dezembro de 2010. Brasília, DF, 02 de janeiro de 2010. Disponível em: <http://www.planalto.gov.br/ccivil_03/_Ato2007-2010/2010/Lei/L12340.htm>. Acesso em: 15 set. 2011.

_____. Lei 8.036, de 11 de maio de Brasília, 11 de maio de 1990. Brasília, DF, 11 de maio de 1990. Disponível em: <http://www.planalto.gov.br/ccivil_03/leis/L8036consol.htm>. Acesso em: 15 set. 2011.

_____. Lei 9.433, de 08 de janeiro de 1997. Disponível em: Brasília, 08 de janeiro de 1997. Disponível em: <http://www.planalto.gov.br/ccivil_03/leis/L9433.htm>. Acesso em: 15 set. 2011.

_____. Lei Estadual, nº 10.116, de 23 de março de 1994. Brasília, 23 de março de 2004. Disponível em: <http://www.mp.rs.gov.br/urbanistico/legislacao/id704.htm>. Acesso em: 15 set. 2011.

_____. Lei Federal nº 6.766, de 19 de dezembro de 1979. Brasília, 19 de dezembro de 1979. Disponível em: <http://www.presidencia.gov.br/ccivil_03/Leis/L6766.htm>. Acesso em: 15 set. 2011.

_____. Lei Nº 12.187, de dezembro de 2009. Brasília, DF, 29 de dezembro de 2009. Disponível em: <http://www6.senado.gov.br/legislacao/DetalhaDocumento.action?id=260531>. Acesso em: 15 set. 2011.

_____. Secretaria Nacional de Defesa Civil. Ministério da Integração Nacional. Manual para Decretação de Situação de Emergência ou Estado de Calamidade Pública. Volume I. Brasília, 2007.

_____. Ministério da Integração Nacional – Plano Nacional da Defesa Civil – Secretaria Nacional de Defesa Civil, Brasília, 2007, p. 15-18. Disponível em: <http://www.defesacivil.gov.br/politica/index.asp>. Acesso em: 12 set. 2011.

_____. Ministério da Integração Nacional. Codificação de Desastres, Ameaças e Riscos. Disponível em: <http://www.defesacivil.gov.br/codar/desastres_mistos.asp.> Acesso em: 16 out. 2010.

_____. Núcleo de pesquisa e aplicação Geotecnologia em Desastres Naturais e Eventos Extremos. Geodesastres – INPE. Disponível em: <http://www.inpe.br/crs/geodesastres/nobrasil.php>. Acesso em 12 fev. 2011.

_____. Instituto Brasileiro de Geografia e Estatística – IBGE. Primeiros resultados definitivos do Censo 2010: população do Brasil é de 190.755.799 pessoas. *Sala de Imprensa*. Sinopse do Censo Demográfico, 2010. Disponível em: <http://www.ibge.gov.br/home/presidencia/noticias/noticia_visualiza.php?id_noticia=1866&id_pagina=1>. Acesso em: 11 out. 2011.

_____. Plano Nacional de Defesa Civil. *Ministério da Integração Nacional – Secretaria Nacional de Defesa Civil*, Brasília, 2007, p. 15-18. Disponível em: <http://www.defesacivil.gov.br/politica/index.asp>. Acesso em 13 de março de 2012.

BRODER, John M. Panel Wants BP Fines to Pay for Gulf Restoration, *New York Times*, setembro de 2010.

CABRAL, Otávio. Terremoto, tsunami e choque. *Veja*, 16 março, 2011.

CAHALI, Yussef Said. *Responsabilidade Civil do Estado*. São Paulo: Revista dos Tribunais, 2012.

CANOTILHO, José Joaquin Gomes. A principiologização da jurisprudência através da constituição. *Revista de Processo*, ano 25, n. 98, Abril/Junho, 2000. _____. Estado de Direito, p.1-26. Disponível em: <http://www.geocities.ws/b2centaurus/livros/c/Canotilhopdf.pdf>. Acesso em setembro de 2011.

_____. *Direito Público do Ambiente: direito constitucional e direito administrativo*. Cadernos do CEDOUA. 1995/1996.

_____. Judicialização da ecologia ou ecologização do direito. *Revista Jurídica do Urbanismo e do Ambiente*. Coimbra: Almedina, n.4, p. 69-79, 1995.

_____. O direito ao ambiente como direito subjetivo. José Joaquim Gomes. *Estudos sobre direitos fundamentais*. Coimbra: Coimbra Editora, 2004.

_____. *Introdução ao Direito do Ambiente*. Lisboa: Universidade Aberta, 1998.

_____. *Estado de Direito*. Lisboa: Gradiva, 1999.

_____. *Direito Constitucional e Teoria da Constituição*. 7ª ed. Coimbra: Almedina, 2003.

_____. "Estado Constitucional Ecológico e Democracia Sustentada". In: *Estado de Direito Ambiental: tendências*. 2ª ed. José Rubens Morato Leite; Heline Sivini Ferreira; Larissa Boratti (orgs.) Rio de Janeiro: Forense Universitária, 2010.

CANNON, Terry. Vulnerability Analysis and the Explanations of "Natural Disasters". In: VARLEY, Ann. *Disasters and Environment*. England: Jonh Willey & Sons LTd, 1994.

CARR, Lowell Juilliard. Disaster and the Sequence-Pattern Concept of Social Change, p. 220. In: *Crisis Management*. Londres: Sage Library in Business & Management, Volune III, 2008.

CARVALHO, Délton Winter de. Aspectos epistemológicos da ecologização do direito: reflexões sobre a formação de critérios para análise da prova científica. *Scientia Iuridica*, v. 324, p. 433-457, 2010.

——. *Dano Ambiental Futuro*: a responsabilização civil pelo risco ambiental. 2ª ed. Porto Alegre: Livraria do Advogado, 2013.

——. *Dano Ambiental Futuro*: a responsabilização civil pelo risco ambiental. Rio de Janeiro: Forense Universitária, 2008.

——. Aspectos probatórios do dano ambiental futuro: uma análise sobre a construção probatória da ilicitude dos riscos ambientais. In: CALLEGARI, André Luís; STRECK, Lenio Luiz; ROCHA, Leonel Severo. (org.). *Constituição, sistemas sociais e hermenêutica*: anuário do Programa de Pós-Graduação em Direito da Unisinos: mestrado e doutorado. Porto Alegre: Livraria do Advogado, 2011, v. 8, p. 81-104.

——. Mudanças climáticas e as implicações jurídico-principiológicas para a gestão dos danos ambientais futuros numa sociedade de risco global. LAVRATTI, Paula; PRESTES, VanêscaBuzelato. (orgs.). *Direito e Mudanças Climáticas 2: responsabilidade civil e mudanças climáticas*. São Paulo: Instituto o Direito por um Planeta Verde, 2010.

——. Sistema Constitucional Brasileiro de Gerenciamento de Riscos Ambientais. *Revista de Direito Ambiental*, v. 55, 2009.

——. Regulação constitucional e risco ambiental. *Revista Brasileira de Direito Constitucional – RBDC*, n. 12, julho/dez 2008.

——. A Genealogia do ilícito civil e a formação de uma regulação de risco pela responsabilidade civil ambiental. *Revista de Direito Ambiental*. nº 65, ano 17, São Paulo: RT, jan-mar., 2012.

——. Por uma necessária introdução ao direito dos desastres ambientais. *Revista de Direito Ambiental,* ano 17, vol., 67, julho.-set,. 2012.

——. A construção probatória para a declaração jurisdicional da ilicitude dos riscos ambientais. *Revista da Ajuris*, n. 123, v. 38, p. 33-62, 2011.

CASTRO, Antônio Luiz Coimbra de. *Glossário de Defesa Civil, Estudos de Riscos e Medicina de Desastres*. 5ª ed. Ministério da Integração Nacional – Secretaria Nacional de Defesa Civil. Brasília, 2004.

CAVALIERI FILHO, Sergio. *Programa de responsabilidade civil*. São Paulo: Malheiros, 2010.

CATALÁ, Lúcia G. *Responsabilidad por dãnos al medio ambiente*. Pamplona: Arazandi Editorial, 1998.

CNJ. Conselho Nacional de Justiça. Recomendação 40. Publicada em 13 de junho e 2012. Disponível em: <http://www.cnj.jus.br/tv-plenario/322-sessao-de-julgamento/atos-administrativos-da-presidencia/recomendacoes-do-conselho/19843-recomendacao-n-40-de-13-de-junho-de-2012>. Acesso em agosto de 2012.

COSTA, Pietro. *Soberania, Representação, Democracia*: ensaios de história do pensamento jurídico. Biblioteca de história do Direito. Coordenado por Ricardo Marcelo Fonseca. Curitiba: Juruá, 2010.

CUTTER, Susan L.. *Hazards, Vulnerability and Environmental Justice*. London: Earthscan, 2006.

DAMACENA, Fernanda. A proteção ambiental no âmbito da união européia. *Revista Eletrônica Direito e Política*, v. 6, p. 76-100, 2011.

DI PIETRO, Maria Sylvia Zanella. *Direito Administrativo*. São Paulo: Atlas, 2006.

DEELY, Sean et al. International Federation of Red Cross and Red Crescent Societies. Word Disaster Report: focous in urban risk, 2010. Disponível em: <http://www.ifrc.org/Global/Publications/disasters/WDR/WDR2010-full.pdf>. Acesso em: 12 jun. 2011.

DE GIORGI, Raffaele. *Direito, Tempo e Memória*. São Paulo: Quartin Latin, 2006.

DOMBROWSKY, W. R. Another Step Toward – *A Social Theory of Disaster*. Disaster Research Center: University of Daleware, Preliminary Paper 70, p. 1-14, 1981.

DUPUY, Jean-Pierre. *Pour um catastrophisme éclaire*: quand límpossible est certain. Paris : Du Seuil, 2002.

——. "Ainda há catástrofes naturais?" *Análise Social*. Vol. XLI, n. 181, 4 trim., 2006, p. 1192-1193.

DWORKIN, Ronald. *Levando os Direitos a Sério*. São Paulo: Martins Fontes, 2002.

EM-DAT. The International Disaster Data Base. *Centre for Research on the Epidemiology of Disasters* – CRED. Disponível em: <http://www.emdat.be/result-country-profile>. Acesso em: 12 set. 2011.

EUA. *Lei Stafford*. Disponível em: <www.fema.gov/library/viewRecord.do?fromSearch=fromsearch&id=3564pdf>. cesso em:16 nov. 2011.

——. *Post-Katrina Emergency Reform Act*, de 04 de outubro de 2006. Disponível em: <http://www.dhs.gov/xabout/structure/gc_1169243598416.shtm>. Acesso em: 16 nov. 2011.

——. *The National Environmental Policy Act*. (Pub. L. 91-190, 42 U.S.C. 4321-4347, January 1, 1970, as amended by Pub. L. 94-52, July 3, 1975, Pub. L. 94-83, August 9, 1975, and Pub. L. 97-258, § 4(b), Sept. 13, 1982). Disponível em: <http://ceq.hss.doe.gov/nepa/regs/nepa/nepaeqia.htm>. Acesso em: 16 nov. 2011.

ESPOSITO, Elena. *Probabilità Improbabili: La realtà della finzione nella società moderna*. Roma: Meltemi, 2008.

FABRÍCIO, Tárcio. Código Florestal para quê? Click Ciência. Disponível em: <http://www.clickciencia.ufscar.br/portal/edicao25/materia1_detalhe.php>. Acesso em: 18 set. de 2011.

FARBER, Daniel. Disaster Law and Inequality. *Law and Inequality*, v 25, n 2, p.1-19, 2007.

——. Confronting Uncertainty under NEPA, *Issues in Legal Scholarship*, v.8, n.3, artigo 3, p. 1-37, 2009. Disponível em: <http://www.bepress.com/ils/vol8/iss3/art3>. Acesso em: 15 mai. 2011.

——. Disaster Law and Emerging Issues in Brazil. *Revista de estudos constitucionais, hermenêutica e teoria do direito- (RECHTD)*, 4(1): 2-15 janeiro-junho, 2012, p. 7.

——. Symposium Introduction: *Navigating the Intersection of Environmental Law and Disaster Law*", p. 1785. Disponível em http://lawreview.byu.edu/articles/1325732020_01Farber.FIN.pdf. Acesso em: 11.01.2012.

——. CHEN, Jim; VERCHICK, Robert. R.M.; SUN, Lisa Grow. *Disaster Law and Policy*. New York: Aspen Publishers, 2010.

FESTENSEIFER, Tiago. A responsabilidade do estado pelos danos causados às pessoas atingidas pelos desastres ambientais associados às mudanças climáticas: uma análise à luz dos deveres de proteção ambiental do Estado e da proibição de insuficiência na tutela do direito fundamental ao ambiente. E-book Responsabilidade Civil e Mudança Climática. Planeta Verde, 2010.

FIGUEIREDO, Lucia Valle. *Curso de Direito Administrativo*. São Paulo: Malheiros, 2004.

FISHER, Elizabeth; JONES, Judith; SCHOMBERG, René Von. *Implementing the Precautionary Principle: perspectives and prospects*. Cheltenham: Edward Elgar, 2006.

FRAGA, Jesús J. *La reparación de los danos catastróficos*: catástrofes naturales, administración y derecho público: responsabilidade, seguro y soidariedad. Marcial Pons: Ediciones Jurídicas e Sociales, S.A. Madrid, 2000.

FREITAS, Juarez. Responsabilidade Civil do Estado, a omissão inconstitucional e o princípio da proporcionalidade. In: GUERRA, Alexandre, et al (coord). *Responsabilidade civil do Estado – desafios contemporâneos*. São Paulo: Quartier Latin, 2010.

GASPARIN, Diógenes. *Direito Administrativo*. São Paulo: Saraiva, 2006.

GUHA-SAPIR, Debby et al. Annual Disaster Statistical Review, 2010 -The numbers and trends. Centre for Research on the Epidemiology of Disasters (CRED). Université catholique de Louvain – Brussels, Belgium. Disponível em: <http://www.cred.be/sites/default/files/ADSR_2010.pdf>. Acesso em: 14 dez. 2011.

GODARD, Olivier. Le príncipe de précaution n'est pas um catastrophisme. Cashier École Polytechnique, Laboratoire d'Econometrie, n°4, Paris, 2006. Disponível em: <http://ceco.politechnique.fr/fichiers/ceco/publications/pdf/2007-01-09-1533 pdf>. Acesso em novembro de 2010.

GOMES, Carla Amado. "Subsídios para um Quadro Principiológico dos Procedimentos de Avaliação e Gestão do Risco Ambiental". *Revista Jurídica do Urbanismo e do Ambiente*. n. 17, junho, 2002.

——. Catástrofes naturais e acidentes industriais graves na União Europeia: a prevenção à prova nas directivas Seveso. Disponível em: http://icjp.pt/sites/default/files/media/981-2167.pdf. Acesso em: 10 de junho de 2011.

GUIDDENS, Anthony. *The Politics of Climate Change*. Cambridge: Polity Press, 2009.

GUNTHER, Teubner. *O direito como sistema autopoiético*. Tradução e prefácio: José Engrácia Antunes. Fundação Calouste Gulbenkian I Lisboa, 1989.

——. The invisible Cupola: from causal to collective attribution in ecological liability. In: TEUBNER, Günter; FARMER, Lindsay; MURPHY, Declan. *Environmental law and Ecological responsability*: the concept and practice of ecological self-organization. Chichester/New York: John Wiley &Sons, 1994.

GUZMAN, M. de. Towards Total Disaster Risk Management Approach. Conference on Disaster, p.1-17, 2003. Disponível em: <http://www.onlinewomeninpolitics.org/sourcebook_files/Ref5/Towards%20Total%20Disaster%20Risk%20Management%20Approach.pdf>. Acesso em: 12 ago. 2011.

HIROKAWA, Keith H. "Disasters and Ecosystem Services Deprivation: From Cuyahoga to the Deepwater Horizon", *Albany Law Review*. v. 48, nº 1, 2011.

HOLLANDER, Rachelle D. (Eds.). *Acceptable Evidence: Science and Values in Risk Management*. New York: Oxford University Press, 1991.

ÍNDIA condena 8 pessoas por acidente em Bhopal. *Estadão*, 11 agosto, 2011. Disponível em: <http://www.estadao.com.br/noticias/internacional,india-condena-8-pessoas-por-acidente-em-bhopal,562638,0.htm>. Acesso em: 11 ago. 2011.

JASANOFF, Sheila. The Bhopal Disaster and the Right to Know. *Social Science Medicine*. v. 27, n.10, p. 1113-1121, 1988.

——. *Science at the Bar: Law, Science, and Technology in America*. Cambridge: Harvard University Press, 1995.

——. *Learning from Disaster*: Risk Management after Bhopal. Philadelphia: University of Pennsylvania Press, 1994.

JONAS, Hans. *O princípio responsabilidade. Ensaio de uma ética para a civilização tecnológica*. Rio de Janeiro: Contraponto e PUC–Rio, 2006.
JUSTEN FILHO, Marçal. *Curso de Direito Admistrativo*. São Paulo: Saraiva, 2010.
KELMAN, Ilan. Understanding Vulnerability to Understand Disasters. In: Murphy, Brenda L; David Etkin (eds.). *Canadian Disaster Management Textbook*. Canadian Risk and Hazards Network, 2011, p. 1-14. Disponível em: <http://www.crhnet.ca/resources/onlineBook/Kelman.pdf>. Acesso em: outubro de 2011.
LAVRATTI, Paula; PRESTES, Vanêsca Buzelato. Direito e mudanças climáticas [recurso eletrônico]: Estudos Acadêmicos. São Paulo: Instituto *O Direito por um Planeta Verde*, 2010.
LEFF, Henrique. *Racionalidade Ambiental*: a reapropriação social da natureza. Tradução de Luis Carlos Cabral. Rio de Janeiro: Civilização Brasileira, 2006.
LOUREIRO, João. Da Sociedade Técnica de Massas à Sociedade de Risco: Prevenção, Precaução e Tecnociência – Algumas Questões Juspublicísticas. *Boletim da Faculdade de Direito – Studia Jurídica*, Coimbra: Coimbra Editora, v 61, 2000.
LEITE, José Rubens Morato. CANOTILHO, José Joaquim Gomes (orgs.). *Direito Constitucional Ambiental Brasileiro*. São Paulo: Saraiva, 2007.
——. AYALA, Patryck A. de. *Direito ambiental na sociedade de risco*. São Paulo: Forense Universitária, 2002.
LEITE, José Rubens M. CARVALHO, Délton W. de. O nexo de causalidade na responsabilidade civil por danos ambientais. *Revista de Direito Ambiental*, v. 47, p. 77-95, 2007.
——. FERREIRA, Heline. Tendências e Perspectivas do Estado de Direito Ambiental no Brasil. In: LEITE, José Rubens Morato; FERREIRA, Heline; BORATTI, Larissa (orgs.). *Estado de Direito Ambiental: Tendências*. Rio de Janeiro: Forense Universitária, 2010.
——; FERREIRA, Heline S. CAETANO, Mateus A. *Repensando o estado de direito ambiental*. Florianópolis: Fundação Boiteux, p. 19, 2012.
——; CAETANO, M. A. As Facetas do Significado do Desenvolvimento Sustentável. *Revista Internacional de Direito e Cidadania*, v. 13, p. 16, 2012.
LITMAN, Todd. Lessons From Katrina and Rita: What Major Disasters Can Teach Transportation Planners. *Journal of Transportation Engineering*, vol. 132, pp. 11-18, 2006. Disponível em: <http://www.vtpi.org/katrina.pdf>.
LUHMANN, Niklas. Ecological *Communication*. Cambridge: Chicago University Press, 1989.
——. *La Sociedad de la Sociedad*. Tradução de Javier Torres Nafarrate. México: Ed. Herder/Universidad Iberoamericana, 2007.
——. *Sistemas Sociales*: lineamentos para una teoria general. México: Alianza Editorial/Universidad Iberoamericana, 1991.
——. *Sociologia del Riesgo*. Universidade Iberoamericana–Universidad de Guadalajara. México, 1992.
——. *Risk: a sociological theory*. New Jersey: Aldine Transaction, 2008.
——. *Observaciones de la Modernidad*: racionalidad y contingência em la sociedad moderna. Barcelona: Paiadós, 1997.
——. The Third Question: The Creative Use of Paradoxes in Law and Legal History. In: *Journal of Law and Society*, v. 15. n. 2, 1988.
LEAL, Gesta Rogério. A responsabilidade civil do estado brasileiro por omissão em face de desastres e catástrofes naturais causadoras de danos materiais e imateriais a terceiros. *Revista da Ajuris*, v. 37, n. 119, set., 2010.
MACHADO, Paulo Affonso Leme. *Direito à Informação e Meio Ambiente*. São Paulo: Malheiros, 2006.
MANYENA, S. The concept of resilience revisited. *Disasters*, v 30, n 4, p. 434-450, dez, 2006.
MAYO, Deborah G.; HOLLANDER, Rachelle D. (Eds.). *Acceptable Evidence: Science and Values in Risk Management*. New York: Oxford University Press, 1991.
MELLO, Celso Antônio Bandeira de. *Curso de Direito Administrativo*. São Paulo: Malheiros, 2010.
MARCELINO, Emerson Vieira. *Desastres naturais e geotecnologias*: conceitos básicos. São José dos Campos, 2008.
MATURANA, Romensín Humberto; VARELA, Francisco. *El Árbol del conocimiento*: las bases biológicas del entendimiento humano. Buenos Aires: Lumen, 2003.
MCDONALD, Roxanna. *Introdution to a natural and man-made disasters and their effects on buildings*. Architectural Press, 2003.
MENEZES, Dyelle; CHAGAS, Paulo Victor. Prevenção de riscos e resposta a desastres diminui gastos em 2012. Contas Abertas. Publicado em: 15/05/2012. Disponível em: <http://www.contasabertas.com.br/WebSite/Noticias/DetalheNoticias.aspx?Id=887>. Acesso em: 15/06/2012.
MILARÉ, Edis. Antropocentrismo x Ecocentrismo na Ciência Jurídica. *Revista de Direito Ambiental*, ano V, nº 36, outubro-dezembro, 2004.

MILLENNIUM ECOSYSTEM ASSESSMENT. *Ecosystems and Human Well-Being: Synthesis*. Washington D.C.: Island Press, 2005.

MIN, Seung-Ki et al. Human contribution to more-intense precipitation Extremes. Letter. *Nature*, n. 3 7 8, v. 4 7 0, fev, 2011.

MOSS, Mitchel et al. The Stafford Act and Priorities for Reform. *Journal of Homeland Security and Emergency Management*, volume 6, n 1, artigo 13, p. 1-23, 2009.

NAÇÕES Unidas para o Desenvolvimento – PNUD. "Choques Climáticos: risco e vulnerabilidade em um mundo desigual". In: *Relatório de Desenvolvimento Humano 2007-2008*. Coimbra: Almedina, 2007.

NOBRE, Carlos Afonso. Vulnerabilidades das Megacidades Brasileiras às Mudanças Climáticas: Região Metropolitana de São Paulo, p. 233-259. In: Ronaldo Seroa da Motta et al. *Mudança do clima no Brasil*: aspectos econômicos, sociais e regulatórios. Brasília: IPEA, 2011.

OST, François. *A natureza à margem da lei*: a ecologia à prova do direito. Lisboa: Instituto Piaget, 1995.

ONU. Painel Intergovernamental de Mudanças Climáticas – IPCC. Disponível em: <http://www.ipcc.ch/>. Acesso em: 13 jul. 2010.

——. World Population to reach 10 billion by 2100 if Fertility in all Countries Converges to Replacement Level. Nova York: United Nations Press Release, May, 2011. Disponível em: <http://esa.un.org/unpd/wpp/other-information/Press_Release_WPP2010pdf>. Acesso em 15 set. 2011.

PARDEEP, Pall et al. Anthropogenic greenhouse gas contribution to flood risk in England and Wales in autumn 2000. *Nature Letter*, n. 470, p. 382-385, 2011.

PARDO, José Esteve. *Técnica, Riesgo e Derecho*: tratamiento del riesgo tecnológico en el derecho ambiental. Barcelona: Editora: Ariel, 1999.

PELANDA, Carlo. *Disaster and Sociosytemic Vulnerability*. Disaster Research Center: University of Daleware, Preliminary, Paper 68, 1981.

PNUMA – Programa das Nações Unidas para o Meio Ambiente. *La responsabilid por el dano ambiental*. México: Oficina Regional para a América Latina e Caribe do PNUMA, 1996.

POSNER, RICHARD A. *Catastrophe: Risk and Response*. New York: Oxford University Press, 2004.

PRINCE, Samuel Henry. *Catastrophe and Social Change* – based upon a Sociological Study of the HALIFAX Disaster. Nova York, Columbia University, V. XCIV. n. 1, 1920.

PRINS, Gwyn et al. The Hartwell Paper. A new direction for climate policy after the crash of 2009. *London School of Economics*. 2010. Disponível em: <http://www.lse.ac.uk/collections/mackinderProgramme/theHartwellPaper/.> Acesso em: 12 jul. 2010.

PORFIRIEV, Boris N. "Definition and delineatin of desastres." In: *What is a Disaster?* E. L. Quarantelli (ed.). New York: Routledge. 2010.

POWELL, Albrecht. *Three Mile Island – 25 Years Later*. About.com.pittsburgh. Disponível em: http://pittsburgh.about.com/cs/history/a/tmi.htm. Acesso em: outubro de 2011.

QUARANTELLI, E. L. et al. The Caracteristics of Catastrophes and their social evolituion: an exploratory analysis of implications for crisis policies and emergency management procedures. *Disaster Research Center*. University of Delaware. Working Paper 90, p. 1-33, 2008.

——. *Hanbook of Disaster Research*. Nova York. Springer. 2007.

——. *What is a Disaster? Perspectives on the question*. Routledge. New York, 2006.

RANGEL, Paulo Castro. *Concertação, Programação e Direito do Ambiente*. Coimbra: Coimbra Editora, 1994.

REALE, Andreana (et al). Land tenure, disasters and vulnerability. *Disasters*, v 35, n 1, p.160-182, 2011.

REID, Walter V. et al. *Millennium Ecosystem Assessment*. Ecosystems and Human Well-being: Synthesis. Washington: Island Press, 2005.

ROCHA, Leonel Severo. "Três Matrizes da Teoria Jurídica". In: *Anuário do Programa de Pós-Graduação em Direito*. Leonel Severo Rocha; Lenio Luiz Streck; José Luis Bolzan de Morais (organizadores). São Leopoldo: Centro de Ciências Jurídicas – UNISINOS, 1999.

—— et al. *Introdução à Teoria do Sistema Autopoiético do Direito*. Porto Alegre: Livraria do Advogado, 2005.

RODRIGUES, Marcelo A. *Processo civil Ambiental*. São Paulo: Revista dos Tribunais, 2008.

RUHL, J. B. General for resilience and adaptive capacity in legal systems – with applications to climate change adaptation. *North Carolina Law Review*, v. 89, 2011.

——; CARVALHO, Délton Winter de. Policontexturalidade e direito ambiental reflexivo. *Sequência* (UFSC), v. 53, 2007.

RUSSELL, Dynes; QUARANTELLI, Enrico L. *The Place of the 1917 Explosion in Halifax Harbor in the history of disaster research: the work of Samuel H. Prince*. Disaster Research Center: University of Delaware. Preliminary Paper 182, p.1-27, 1992.

RINDEBRO, U. 2011. Natural Disasters Likely to Become More Frequent, Costly – Swiss Re – Brazil. *Business News Americas*. Disponível em: <http://www.bnamericas.com/news/insurance/natural-disas-ters-likely-to-become-more-frequent-costly-swiss-re>. Acesso em: 08/08/2012.

SALZMAN, James; THOMPSON JR, Barton H.; DAILY, Gretchen C.. "Protecting Ecosystem Services: Science, Economics, and Law. *Standford Environmental Law Journal*. 20:309, 2001.

SARLET, Ingo; FESTENSEIFER, Tiago. *Estado Socioambiental e Direitos Fundamentais*. Porto Alegre: Livraria do Advogado. 2010.

SLUIJS, Jeroen van der; TURKENBURG, Wim. "Climate Change and the precautionary principle". In: FISHER, Elizabeth; JONES, Judith; SCHOMBERG, René Von. *Implementing the Precautionary Principle: perspectives and prospects*. Cheltenham: Edward Elgar, 2006.

SAMPAIO, J. A. L. et al. *Princípios de direito ambiental* – na dimensão internacional e comparada. Belo Horizonte: Del Rey, 2003.

SÉGUR, Philippe. "La catastrophe et le risqué naturels. Essai de definition juridique". *Revue du Droit Public*. 1997.

SENDIM, José de Souza Cunhal. *A responsabilidade Civil por Danos ecológicos – da reparação do dano através da restauração natural*. Portugal: Coimbra Editora, 1997.

SETZER Joana; GOUVEIA, Nelson da Cruz. Princípio da precaução rima com ação. *Revista de Direito Ambiental*, ano 13, n.49, jan/mar, 2008.

SUGERMAN, Stephen D. "Roles of Government in Compensating Disaster Victims". *Issues in Legal Scholarship*. Manuscript 1093, Berkeley: The Berkeley Electronic Press, 2006.

SUDMEIER-RIEUX, Karem; MASUNDIRE, Hillary; RIZVI, Ali; RIETBERGEN, Simon (eds.). *Ecosystems, Livelihood and Disasters*: an integrated approach to disaster risk management. IUCN: Cambridge, 2006.

SHALUF, Ibrahim M. Disaster types. *Disaster Prevention and Management*, v 16, n 5, p. 1-14, 2007.

STOCCO, Rui. *Tratado de Responsabilidade Civil*. São Paulo: RT, 2007.

SHRADY, Nicholas. *O último dia do mundo*: fúria, ruína e razão no grande terremoto de Lisboa de 1755. Tradução: Paula Berinson. Rio de Janeiro: Objetiva, 2011.

SILVA, Almiro do Couto. A responsabilidade extracontratual do Estado no Direito brasileiro. *Revista de Direito Administrativo*, n. 202, out./dez., 1995.

SILVA, José. A. A. et.al. *O Código Florestal e a Ciência: contribuições para o diálogo*. São Paulo: Sociedade Brasileira para o progresso da Ciência, SBPC; Academia Brasileira de Ciências – ABPC, 2011.

SILVA, José Afonso. Fundamentos Constitucionais da Proteção do Meio Ambiente. In: *Revista de Direito Ambiental*, n. 27, v 7, jul.set, 2002.

SLOVIC, Paul. *Perception of Risk*. Science, v. 236, p. 280-285, 1987.

SUDMEIER-Rieux, K. H. et al. *Ecosystems, Livelihoods and Disasters*: an integrated approach to disaster risk management. Cambridge, UK, 2006.

SUSTEIN, Cass R. The Catastrophic Harm Precautionary Principle. *Cornell Law Review*, v 91, n 841, p. 1-29, 2006.

———. Irreversibility. *Law, Probability and Risk*, v 9, n 3-4, p. 227-245, 2010.

———. *Worst-Case Scenarios*. Cambridge: Harvard University Press, 2007.

SALZMAN, James; THOMPSON JR, Barton H.; DAILY, Gretchen C.. "Protecting Ecosystem Services: Science, Economics, and Law. *Standford Environmental Law Journal*. 20:309, 2001.

STEIGLEDER, Annelise et al. *Direito Ambiental*. Porto Alegre: Verbo Jurídico, 2004.

———. A imputação da responsabilidade civil por danos ambientais associados às mudanças climáticas. *Revista de Direito Ambiental*, v. 58, p. 223-257, 2010.

TABAK, Bernardo. Ministério Público Federal recomenda paralisação da construção de Angra III. *G1*, 24 jun, 2010. Disponível em: <http://g1.globo.com/rio-de-janeiro/noticia/2010/06/mpf-recomenda-paralisacao-da-construcao-de-angra-iii.html>. Acesso em 12 ago. 2010.

TEUBNER, Gunther. *Direito, Sistema e Policontexturalidade*. São Paulo: Editora UNIMEP, 2005.

———. The invisible Cupola: from causal to collective attribution in ecological liability. In: TEUBNER, Günter; FARMER, Lindsay; MURPHY, Declan. *Environmental law and Ecological responsability:* the concept and practice of ecological self-organization. Chichester/New York: John Wiley &Sons, 1994

THIBIERGE, Catherine. "Libres propos sur l'évolution de la responsabilité civile (vers un élargissement de la fonction de La responsabilité civile?)", *Revue Trimestrielle de Droit Civil*, n. 3, juillet-septembre, 1999.

THOMALLA, Frank et al. Reducing hazard vulnerability: towards a common approach between disaster risk reduction and climate adaptation. *Disasters*, v 30, n.1, p. 39–48, 2006.

TYMOSHENKO, Yuliya. O significado de Chernobyl. *Jornal da Ciência*, 12 abril, 2011. Disponível em: <http://www.jornaldaciencia.org.br/Detalhe.jsp?id=77258>. Acesso em: 12 abr. 2010.

THOMAS, Adelle; LEICHENKO, Robin. Adaptation through insurance: lessons from the NFIP. *International Journal of Climate Change Strategies and Management*, v. 3 n, 3, p. 250-263, 2011.

UNIÃO EUROPÉIA. Diretiva 2007/60/CE do Parlamento Europeu e do Conselho, de 23 de Outubro de 2007. Relativa à avaliação e gestão dos riscos de inundações. Disponível em: <http://eur-lex.europa.eu/LexUriServ/LexUriServ.do?uri=OJ:L:2007:288:0027:0034:PT:PDF>. Acesso em: 11 nov. 2010.

——. Diretiva 82/501/CCE do Conselho, de 24 de Junho de 1982. Disponível em: http://eur-lex.europa.eu/smartapi/cgi/sga_doc?smartapi!celexplus!prod!DocNumber&lg=pt&type_doc=Directive&an_doc=1982&nu_doc=501>. Acesso em: 11 nov. 2010.

——. Diretiva 96/82/CE do Conselho, de 9 de Dezembro de 1996. Relativa ao controle dos perigos associados a acidentes graves que envolvem substâncias perigosas. Disponível em: <http://eur-lex.europa.eu/smartapi/cgi/sga_doc?smartapi!celexplus!prod!DocNumber&lg=pt&type_doc=Directive&an_doc=1996&nu_doc=82>. Acesso em: 11 nov. 2010.

——. Regulamento (CE) 1726/2003 (1), de 21 de Outubro de 2003.\Proíbe o transporte de petróleos e frações petrolíferas pesados em navios de casco simples. Foi responsável pela alteração do regulamento 417/2002. Disponível em: <http://eur-lex.europa.eu/LexUriServ/LexUriServ.do?uri=OJ:C:2004:084E:0124:0125:PT:PDF>. Acesso em: 11 nov. 2010.

——. Regulamento (CE) 1726/2003 do Parlamento Europeu e do Conselho, de 22 de Julho de 2003. Altera o Regulamento (CE) n.o 417/2002 relativo à introdução acelerada dos requisitos de construção em casco duplo ou equivalente para os navios petroleiros de casco simples. Disponível em: <http://eur-lex.europa.eu/LexUriServ/LexUriServ.do?uri=OJ:L:2003:249:0001:0004:PT:PDF>. Acesso em: 11 nov. 2010.

——. Versão Consolidada do Tratado sobre o Funcionamento da União Européia. Jornal Oficial da União Européia. 30.3.2010. Disponível em: <http://eur-lex.europa.eu/LexUriServ/LexUriServ.do?uri=OJ:C:2010:083:0047:0200:pt:PDF>. Acesso em: 11 nov. 2010.

——. Comunicação da Comissão ao Conselho, ao Parlamento Europeu, ao Comitê Econômico e Social Europeu e ao Comitê das Regiões – Gestão dos riscos de inundação -Proteção contra as cheias e inundações, sua prevenção e mitigação /* COM/2004/0472 final */. 52004DC0472. Disponível em: <http://eur-lex.europa.eu/LexUriServ/LexUriServ.do?uri=CELEX:52004DC0472:PT:HTML>. Acesso em: 11 nov. 2010.

UNITED NATIONS INTERNATIONAL STRATEGY FOR DISASTER REDUCTION SECRETARIAT (UNISDR). Global Assessment Report on Disaster Risk Reduction. Chapter 1. The Global Challenge: Disaster Risk, Poverty, and Climate Change.

VARELA, Francisco. *El Árbol del Conocimiento*: las bases biológicas del entendimiento humano. Buenos Aires: Lumen, 2003.

VARELLA, Marcelo Dias. *Governo dos Riscos*. Rede Latino-Americana – Européia sobre Governo dos Riscos, Brasília, 2005.

VARLEY, Ann. *Disasters and Environment*. England: Jonh Willey & Sons, 1994.

VERCHICK, Roberto. R. M. *Facing Catastrophe: environmental action post-Katrina world*. Cambridge, Massachusetts: Harvard University Press, 2010.

VOS, Femke; RODRIGUEZ, Jose; BELOW, Regina; GUHA-SAPIR, D. *Annual Disaster Statistical Review 2009: the numbers and trends*. Brussels: CRED, 2010.

WEISS, Edith. B. Climate Change, Intergerational Equity and international law. *Vermont Journal of Environmental Law*, v.9, p. 615-627, 2007-2008. Disponível em: ww.vjel.org/journal/pdf/VJEL10071.pdf. Acesso em abril de 2010.

WINTER, Gerd. *European Environmental Law*: A Comparative Perspective. Aldershot: Dartmouth, 1996.

WELLS, Celia et al. *Disasters*: a challenge for the law. *Washburn Law Journal*, v 39, n 3, p. 1-30, 2000.

WIGOLD, Bertoldo S. et al. Áreas de Preservação Permanente e Unidades de Conservação & Áreas de Risco. O que uma coisa tem a ver com a outra? *Relatório de Inspeção da área atingida pela tragédia das chuvas na Região Serrana do Rio de Janeiro*. Brasília: MMA, 2011.

WORLD Conference on Disaster Reduction. *Hyogo Framework for Action 2005-015*: International Strategy for Disaster Reduction International Strategy for Disaster Reduction. Building the Resilience of Nations and Communities to Disasters. Disponível em: <www.unisdr.org/wcdr>. Acesso em: 11 out. 2011.